ESCOLHIDA E AMADA

Conheça nossos clubes

Conheça nosso site

- @editoraquadrante
- @editoraquadrante
- @quadranteeditora
- Quadrante

Título original
Chosen and Cherished: Biblical Wisdom for Your Marriage

Copyright © 2020, Kimberly Hahn

Capa
Gabriela Haeitmann

Dados Internacionais de Catalogação na Publicação (CIP)

Hahn, Kimberly
Escolhida e amada: A sabedoria da Bíblia para seu casamento / Kimberly Hahn – 1ª ed. – São Paulo: Quadrante Editora, 2023.

ISBN: 978-85-7465-521-5

1. Casamento - Aspectos religiosos - Cristianismo 2. Igreja Católica - Doutrinas 3. Reprodução humana - Aspectos religiosos - Cristianismo I. Título

CDD–248.482

Índices para catálogo sistemático:
1. Reprodução humana : Aspectos religiosos : Cristianismo 248.482

Todos os direitos reservados a
QUADRANTE EDITORA
Rua Bernardo da Veiga, 47 - Tel.: 3873-2270
CEP 01252-020 - São Paulo - SP
www.quadrante.com.br / atendimento@quadrante.com.br

ESCOLHIDA E AMADA

A SABEDORIA DA BÍBLIA PARA O SEU CASAMENTO

KIMBERLY HAHN

Tradução
Igor Barbosa

Sumário

Introdução   7

PARTE UM
QUEM ENCONTRARÁ UMA BOA ESPOSA?

CAPÍTULO UM
Uma mulher que teme o Senhor   11

CAPÍTULO DOIS
Confiança no Senhor   21

PARTE DOIS
SEU VALOR É MAIOR QUE O DE PÉROLAS

CAPÍTULO TRÊS
O que realmente importa   39

CAPÍTULO QUATRO
Uma mulher de valor   55

PARTE TRÊS
O CORAÇÃO DE SEU MARIDO CONFIA NELA

CAPÍTULO CINCO
Alicerce de fidelidade   75

CAPÍTULO SEIS
Como construir a confiança no dia a dia   87

PARTE QUATRO
JAMAIS LHE FALTARÁ COISA ALGUMA

CAPÍTULO SETE
Complementaridade — 115

CAPÍTULO OITO
Interdependência saudável — 137

PARTE CINCO
ELA LHE PROPORCIONA O BEM, NUNCA O MAL

CAPÍTULO NOVE
Abraçando o compromisso — 151

CAPÍTULO DEZ
Resolução de conflitos — 167

PARTE SEIS
TODOS OS DIAS DE SUA VIDA

CAPÍTULO ONZE
Fiel agora e sempre — 187

CAPÍTULO DOZE
A santidade do casamento — 203

Introdução

Durante sessenta anos, meus pais moldaram o matrimônio cristão e a vida familiar. Eles rezavam, estudavam as Escrituras e praticavam a sabedoria que os antepassados lhes haviam oferecido. Do mesmo modo, também nos orientavam: compartilhavam o que aprendiam e nos indicavam onde procurar recursos que nos encorajariam e nos dariam sabedoria para situações específicas. Mamãe e papai conheceram a profunda alegria de serem escolhidos e amados, e rezaram para que cada um de seus filhos também a conhecesse, tanto da parte do Senhor quanto de seus cônjuges.

Escolhidas e amadas é o primeiro de uma série de estudos bíblicos sobre a vocação do casamento. Por quase três décadas, compartilhei esses estudos com alunas da Franciscan University — casadas e ainda não casadas — em minha casa. Tomando por base, como uma espécie de sumário, o capítulo 31 do livro dos Provérbios, percorríamos as Escrituras e os ensinamentos da Igreja em busca de aplicações práticas à vocação do casamento aplicações espirituais a nosso relacionamento com *o* Amado: Jesus.

Começamos com o Senhor porque somente Ele, o Noivo de nossas almas, pode satisfazer o anseio mais profundo de nossos corações. *Ele* nos escolheu e *Ele* nos estima. A partir desse ponto inicial, o Senhor nos convida a acolher um determinado cônjuge que será, para nós, um canal de graça — alguém que, à imitação do Senhor, nos há de escolher e amar todos os dias.

Um matrimônio construído sobre o fundamento da fé constitui o relacionamento central da família. Dessa relação extraímos força; de nosso amor desvelado, nossos filhos extraem força. Embora as demandas de nosso tempo e toda a nossa energia possam se dirigir sobretudo a nossos filhos, precisamos nutrir continuamente o relacionamento com nosso cônjuge, a fim de que nosso amor seja cada vez mais profundo e duradouro.

Cônjuges e filhos não vêm com manuais, e a curva de aprendizado pode ser muito íngreme, especialmente para aqueles que não cresceram em contato com o matrimônio e a vida familiar cristã. Ainda assim, o Senhor reserva uma abundância de graças para cada um de nós. O desejo *dEle* é o nosso desejo: que sejamos escolhidos e amados por nossos cônjuges por toda a vida. Este estudo bíblico apresenta-nos certa sabedoria extraída da Bíblia capaz de nos ajudar a crescer nessa direção.

Minha esperança está em que promova o compartilhamento da sabedoria vivenciada entre gerações de mulheres; forneça um contexto no qual os casais possam entender melhor alguns princípios do matrimônio cristão e da vida familiar; e permita que casais de noivos explorem suas esperanças e sonhos para uma vida matrimonial plena antes de encararem suas dificuldades práticas.

Rezemos uns pelos outros e encorajemos uns aos outros, lembrando as palavras de São Paulo: "Tudo posso naquele que me conforta" (Fl 4, 13).

Kimberly Kirk Hahn

Parte um

QUEM ENCONTRARÁ UMA BOA ESPOSA?

PROVÉRBIOS 31, 10a

CAPÍTULO UM
Uma mulher que teme o Senhor

Por que estudar o capítulo 31 do livro dos Provérbios? A primeira parte da resposta consiste na razão por trás deste capítulo. Esta passagem da Escritura contém instruções que uma rainha-mãe dá a seu filho Lamuel, o rei de Massa, aconselhando-o sobre as qualidades que deve buscar numa esposa. Este é um aporte singular nas Escrituras: o único capítulo escrito por uma mulher.

A rainha-mãe sabe que seu filho pode sentir-se tentado a ver uma esposa como se fosse uma posse como outra qualquer. Ela o alerta: se comparada a uma coleção de cavalos, casas ou outros objetos finos, a busca por uma boa esposa será muito mais difícil, pois trata-se de um achado raro. A mãe do rei quer que seu filho estabeleça padrões altos, busque diligentemente e escolha a esposa com cuidado. Sabe que essa futura mulher fará a diferença não apenas em seu bem-estar, mas também no bem-estar do reino. Há muito em jogo.

Provérbios 31, 10-30 não serve apenas como um padrão segundo o qual o homem há de julgar uma pretendente, mas também oferece características que a mulher pode desenvolver para tornar-se uma boa esposa. Do mesmo modo, inspira os jovens a desenvolver qualidades capazes de levar tal mulher a querer ser rainha ao seu lado.

O que significa ser "boa"?

A rainha-mãe começa com uma pergunta: "Quem pode encontrar uma boa esposa? Ela é muito mais preciosa do que joias". A rainha-mãe quer que seu filho entenda que ela está tratando de algo muito importante, pois uma boa esposa é diferente de tudo o que ele conhece. Sabe que, sendo ele o rei, muitas mulheres sentir-se-ão tentadas a procurá-lo, a desfilar diante dele, a seduzi-lo. Ela quer que o filho se atenha às prioridades corretas, a fim de que ele (e o reino) sejam abençoados com uma rainha piedosa.

A rainha-mãe não está dizendo ao filho para encontrar alguém dotado de padrões morais: existem pessoas íntegras que não são mulheres e homens de fé. O último versículo desta passagem dá contexto ao décimo versículo: "O encanto é enganoso e a beleza é vã, mas uma mulher que teme o Senhor deve ser elogiada". Fala-se, aqui, de uma mulher que deseja a beleza interior da virtude e da piedade em vez da beleza exterior e das realizações (embora também possa tê-las). Como vive de acordo com suas prioridades, recebe o elogio dos outros, a começar por seu marido e filhos. (Quando eu ainda era uma jovem mãe, sentia-me reconfortada ao perceber que os filhos dela precisariam ter idade suficiente para reconhecer esse valor todo. Talvez ela tenha precisado de tempo para desenvolver todos esses atributos piedosos!)

A mulher piedosa é boa de acordo com os padrões de Deus: possui perfeição moral, que só é possível em Cristo.

Uma mulher que teme o Senhor deve ser elogiada: seu temor piedoso a leva a ser boa. Ela precisa ser filha do Rei dos Reis antes de se tornar a esposa do rei.

A mulher descrita em Provérbios 31 é uma mulher de fé, uma mulher de excelência, digna de ser elevada ao patamar de exemplo para todos. Tem força física e espiritual, e todos com quem convive se beneficiam disso.

Pois bem: você não pode "fazer" um homem ou uma mulher ser bom, mas pode esperar bondade de alguém que seja cristão, pois a "bondade" é fruto do Espírito (cf. Gl 5, 22-23). "Aquele que acha uma mulher, acha a felicidade: é um dom recebido do Senhor." O homem recebe um benefício ou graça do Senhor quando encontra uma esposa piedosa, pois ela é um dom da graça para ele. Ele valoriza uma mulher com um coração voltado para Deus porque *ele* tem um coração voltado para Deus.

O temor do Senhor

O marido da mulher de Provérbios 31 honra sua amada com estas palavras: "Muitas mulheres demonstram vigor, mas tu excedes a todas... a mulher inteligente é a que se deve louvar." Ele diz aquelas palavras que desejamos ouvir de nossos cônjuges e filhos: "Muito bem!" Esses versículos servem como chaves para o versículo 10, coroando os vários pensamentos apresentados a partir deste pois uma mulher que teme ao Senhor é, verdadeiramente, desejável.

O que significa *temer o Senhor*? Significa vê-lO com assombro e reverência. A mulher que teme o Senhor age com obediência a partir de um coração que ama o Deus do universo, que também é seu Pai celestial! O temor filial de seu Pai do Céu a conduz a uma obediência fiel e cheia de fé.

Jesus nos ensina a dizer "Pai nosso" quando rezarmos: O Pai dele é o nosso Pai. Por meio do Filho, somos atraídos a um relacionamento íntimo com o Pai. O amor que o Pai tem pelo Filho, Jesus, estende-se a nós. Por meio do Batismo, Deus nos faz seus filhos, e assim nosso relacionamento com Deus é o de um filho com seu Pai.

O "medo" natural que uma criança tem de seu pai é semelhante ao nosso "medo" sobrenatural do Senhor: a criança olha o pai com amor, respeito, admiração e, sim, certa dose de medo. Da mesma forma, olhamos nosso Pai celestial com o tipo de temor, adoração e culto que são devidos ao Senhor — nossa obediência flui do respeito e do amor que temos.

Uma imagem que ilustra isso é a famosa foto de um pequeno John F. Kennedy Jr. brincando sob a mesa de seu pai no Salão Oval. Embora seu pai fosse o presidente dos Estados Unidos, o país mais poderoso do mundo, o jovem John era bem-vindo para brincar no entorno dele. Da mesma forma, somos convidados a nos aproximar dos pés de nosso Pai, que não é um mero presidente, mas Senhor do universo! Ele é acessível e afável.

Como devemos temer o Senhor? O Salmo 111 nos dá a resposta: "Feliz o homem que teme o Senhor e põe o seu prazer em observar os seus mandamentos!" Como o salmista, adoramos com reverência e alegria: o temor do Senhor une a alegria à obediência.

A obediência de nossos filhos nos dá um parâmetro para nossa resposta ao Pai celestial. A princípio, eles obedecem por medo das consequências. Essa é uma motivação aceitável para uma criança pequena, especialmente quando há questões de segurança envolvidas. No entanto, desejamos o amor maduro de uma criança que obedece de coração — para nos agradar, para nos honrar. Esta obediência flui de um verdadeiro respeito por nós.

Assim é com a paternidade que Deus nos dá. No ato de contrição, reconhecemos que ofendemos a Deus e nos arrependemos de nossos pecados porque "pesa-nos a perda do Céu e as penas do inferno, mas principalmente porque eles ofendem a ti, que és sumamente bom e digno de ser amado sobre todas as coisas". Temer as consequências eternas de nossas ações é uma motivação aceitável para nossa obediência ao Senhor — o inferno existe —, mas a resposta madura que Deus busca de seus filhos consiste em que obedeçam em nome de seu amor por Ele.

Uma torrente de bênçãos

> Muitas bênçãos seguem o temor do Senhor:
> Vós, que temeis o Senhor, esperai em sua misericórdia,
> não vos afasteis dele, para que não caiais;
> vós, que temeis o Senhor, tende confiança nele,
> a fim de que não se desvaneça vossa recompensa.
> Vós, que temeis o Senhor, esperai nele;
> sua misericórdia vos será fonte de alegria.
> (...)

> Considerai, meus filhos, as gerações humanas:
> sabei que nenhum daqueles que confiavam no
> Senhor foi confundido.
> Pois quem foi abandonado após ter perseve-
> rado em seus mandamentos?
> Quem é aquele cuja oração foi desprezada?
> Pois Deus é cheio de bondade e de misericórdia,
> ele perdoa os pecados no dia da aflição.

Outras bênçãos são vida longa (cf. Pr 10, 27; 19, 23), riquezas e honra (cf. Pr 22, 4). Ao contrário do medo que leva ao desespero, o temor piedoso leva à esperança: "O Senhor se agrada dos que o temem, dos que esperam no seu amor leal" (Sl 146, 11).

Provérbios 1, 7 afirma: "O temor do Senhor é o princípio do conhecimento", e é nisso ecoado por Provérbios 9, 10: "O temor do Senhor é o princípio da sabedoria, e o conhecimento do santo é a inteligência" (cf. também Pr 15, 33). Quem é tolo despreza a sabedoria e a instrução, mas a mulher que reverencia seu Pai celestial deseja conhecimento e sabedoria. Essa reverência é o primeiro passo em direção ao conhecimento e à sabedoria de que ela precisa — e nós precisamos — para conduzir uma família piedosa.

Criar filhos é uma aventura contínua em águas desconhecidas. Com cada criança, aprendemos algo que pode ou não se aplicar à próxima. Nosso Pai anseia por realizar nosso desejo de conhecimento e sabedoria, para podermos ter um casamento e uma família piedosos. Nosso desejo é o que Ele deseja para nós: tema ao Senhor e você obterá sabedoria e discernimento!

Uma mulher que teme o Senhor

Nosso temor do Senhor tem belas consequências para nossos filhos. "A misericórdia do Senhor é de eternidade a eternidade sobre os que o temem, e a sua justiça sobre os filhos dos filhos, sobre os que guardam a sua aliança e se lembram de cumprir os seus mandamentos" (Sl 102, 17-18). Da mesma forma, Maria declara que a misericórdia de Deus está "sobre aqueles que o temem de geração em geração" (Lc 1, 50). Damos exemplo para nossos filhos; eles percebem em nós as bênçãos de nosso temor ao Senhor. Nós os ensinamos a obediência, para que eles obedeçam a Deus.

Quanto mais o temor do Senhor nos leva à sabedoria, mais crescemos em humildade. Vemos quem o Senhor é verdadeiramente — digno de nossa adoração — e vemos, ao mesmo tempo, quão pequenos somos e o quanto somos especiais aos olhos dEle. Isso aumenta nossa confiança no Senhor e fortalece nossos filhos. "No temor do Senhor o justo encontra apoio sólido, e seus filhos nele terão refúgio" (Pr 14,26). Nossos maridos também terão mais confiança, e isso se traduzirá no crescente senso de segurança e estabilidade de nossos filhos: eles terão refúgio.

Que contraste com a perspectiva do mundo, cujo refrão é "ganhe mais dinheiro e seus filhos se sentirão mais seguros". Provérbios 15, 16 adverte: "Vale mais o pouco com o temor do Senhor que um grande tesouro com a inquietação." O contraste não é, neste caso, entre a grande riqueza e a pobreza; o contraste é entre ter poucos recursos com o Senhor e ter riqueza (e os problemas que vêm com ela) sem o Ele. "Temei, pois, o Senhor e servi-o em verdade e de todo o vosso coração, considerando as maravilhas que fez por vós" (1 Sm 12, 24).

Você é duplamente minha

Ouvi essa história há muito tempo, e ela continua a tocar meu coração.

Certo verão, um garotinho talhou um barco de brinquedo. Todos os dias, no quintal, ele fazia flutuar seu barco rio abaixo, mas um dia o barco foi levado para longe. O menino procurou o barco, mas não conseguiu encontrá-lo.

Chegando ao fim do verão, ele estava passando pela loja de brinquedos da região quando viu, na vitrine, *seu* barco de brinquedo. Imediatamente, entrou e contou ao lojista, mas o lojista disse que havia comprado o brinquedo, e por isso o menino também teria de comprá-lo.

Sem dizer mais nada, o menino correu para casa, abriu seu cofrinho, contou as moedas e voltou para a loja. Deixou o dinheiro no balcão e avançou para a vitrine. Quando estendeu a mão para o barco, o lojista o ouviu dizer: "Agora você é meu duas vezes: primeiro eu fiz você; então eu comprei você de volta!"

Isto é o que Jesus nos diz: "Agora você é minha duas vezes: primeiro eu te fiz; agora eu te comprei de volta." Este *sempre* foi o tema da canção de amor de Deus ao seu povo. (Deus não muda: Ele é o mesmo tanto no Antigo Testamento como no Novo.) Por meio do profeta Isaías, falou ao seu povo Israel:

> E agora, eis o que diz o Senhor, aquele que
> te criou, Jacó, e te formou, Israel:
> "Nada temas, pois eu te resgato, eu te chamo
> pelo nome, és meu.
> Se tiveres de atravessar a água, estarei
> contigo.
> E os rios não te submergirão;
> se caminhares pelo fogo, não te queimarás,
> e a chama não te consumirá.
> Pois eu sou o Senhor, teu Deus, o Santo de
> Israel, teu Salvador.
> (...)
> Porque és precioso a meus olhos, porque eu
> te aprecio e te amo.
> (...)
> Traze meus filhos das longínquas paragens,
> e minhas filhas dos confins da terra;
> todos aqueles que trazem meu nome,
> e que criei para minha glória."

São Paulo seleciona este mesmo tema na abertura de sua carta aos Efésios:

> Bendito seja o Deus e Pai de nosso Senhor
> Jesus Cristo, que nos abençoou em Cristo
> com toda sorte de bênção espiritual nas re-
> giões celestiais, assim como nos escolheu
> nele antes da fundação do mundo, para sermos
> santos e irrepreensíveis diante dele. Ele
> nos destinou em amor para sermos seus filhos
> por meio de Jesus Cristo, de acordo com o
> propósito de sua vontade, para o louvor de
> sua gloriosa graça que ele gratuitamente
> nos concedeu no Amado.

Todos fomos criadas e destinadas à sua glória. Não importa se seus pais tiveram a intenção de concebê-la; seu amoroso Pai celestial a teve. Não existem "acidentes".

Como afirma o versículo 4 do primeiro capítulo de Efésios, antes que o mundo fosse criado nosso Pai celestial escolheu você e eu para sermos criadas em amor. Cada uma de nós foi feita por Deus, para Deus — pelo próprio Amor, para o amor. Não fomos criadas num sentido geral de humanidade, mas num sentido muito particular, chamadas pelo nome. Eu digo aos meus filhos: "Antes de você ser criado, você era um pensamento amoroso no coração de nosso Pai celestial, que não é limitado pelo tempo."

Nosso Pai celestial tem um plano maravilhoso para a vida de cada uma de nós. Falaremos sobre isso no próximo capítulo.

CAPÍTULO DOIS

Confiança no Senhor

Deus criou você e eu para um propósito. Nosso destino não se baseia em nossos talentos, capacidades, habilidades, dons, instrução, riqueza ou saúde, embora essas coisas possam ser úteis. O plano de Deus para nossas vidas *é* baseado na graça de Deus e em nossa resposta a ela. Tudo o que temos é um dom de Deus. E o que somos é um dom em retribuição a ele. Efésios 1,12 afirma que "nós, os que primeiro esperamos em Cristo, fomos destinados e designados a viver pelo louvor de sua glória". O plano de Deus é o de que nossas vidas lhe deem glória. Ele nos escolheu, no amor, para sermos um reflexo vivo dEle. Parte da nossa resposta é a nossa vocação, um modo particular de serviço que nos permite crescer em santidade e nos tornarmos mais semelhantes a Ele.

Um chamado particular

São Josemaria Escrivá respondia frequentemente a perguntas do público após suas conferências. Quando questionado sobre a vocação de alguém, perguntava se a pessoa era casada. Em caso afirmativo, ele solicitava o nome do cônjuge. Sua resposta então seria algo como: "Gabriel, você tem uma vocação divina e ela tem um nome: Sara."

A vocação matrimonial não é um chamado geral, mas um chamado particular ao matrimônio com uma pessoa específica. Um cônjuge torna-se parte integrante do caminho de santidade do outro.

Às vezes, as pessoas têm uma compreensão limitada do que é vocação, empregando o termo apenas para as pessoas chamadas ao sacerdócio ou à vida religiosa. Mas Deus nos chama a todos para a santidade, e o caminho para essa santidade inclui uma vocação particular. Para alguns, o caminho é a vida celibatária ou consagrada; para um número muito maior, é o casamento.

Todos os dias o casamento traz muitas oportunidades para negarmos a nós mesmos, para tomar a nossa cruz e seguir o Senhor em santidade. Deus não despreza os casados! Há dias em que o jantar está atrasado, um filho está birrento, o telefone toca sem parar e Scott vai chegar mais tarde em casa. Minha mente pode escorregar para uma cena de freiras rezando pacificamente no convento, esperando o toque do sino do jantar. Ah, quem me dera ser freira por um dia!

Eu estou sobrecarregada, assombrada pela dificuldade da *minha* vocação. Então percebo que ela não é mais desafiadora do que nenhuma outra — é apenas mais desafiadora para mim, porque *este* é o chamado de Deus em minha vida (e várias freiras me garantiram, em outras ocasiões, que os conventos nem sempre são a felicidade pacífica que imagino).

O casamento com Scott é o modo como Deus me refina e me chama à santidade; o casamento comigo é como Deus refina Scott. Nós dissemos a nossos filhos: "Você pode seguir qualquer vocação — consagrado, solteiro ou casado; iremos apoiá-los em qualquer chamado. O inegociável é que conheçam o Senhor, O amem e O sirvam de todo o coração."

Certa vez, dois seminaristas estavam nos visitando, quando um de nossos filhos cambaleou sala adentro com uma fralda bem recheada — o cheiro era inconfundível. Um seminarista virou-se para o outro e disse, brincando: "Ainda bem que fui chamado ao sacerdócio!"

Imediatamente, respondi (com um sorriso): "Apenas certifique-se de não escolher uma vocação para evitar os desafios da outra."

Esse bocado de sabedoria se aplica nos dois sentidos: não se deve escolher a vocação do casamento para evitar os desafios da vida de celibato consagrado, nem a vida consagrada para evitar os desafios do casamento. Deus fez cada um de nós para uma vocação particular, e encontraremos grande alegria em fazer o que fomos feitos para fazer. O chamado de Deus nunca será uma vocação que não queremos. No entanto, nossa vocação terá desafios.

Como uma protestante cria filhos católicos?

Scott tornou-se católico cerca de um ano e meio antes de nossa filha Hannah nascer. Com ela no colo, me preocupava saber como eu, protestante, a criaria de modo que ela pudesse escolher livremente a vocação que Deus tinha para ela. Sempre havia me imaginado ensinando minha filha a ser esposa e mãe.

Porém, se o plano de Deus para ela fosse a vida religiosa, eu não queria ser um obstáculo. Meus dois meninos já haviam falado que queriam ser padres. Como eu poderia orientar meus filhos caso considerassem uma vida de celibato dedicada ao Senhor? (Embora os protestantes considerem que se pode ficar solteiro, eles raramente o apresentam como algo desejável.) Eu não queria estragar o plano de Deus, afinal; queria o melhor de Deus para eles.

Então... rezei: Senhor, como posso instruir meus filhos adequadamente, para que digam "sim" ao seu chamado? De repente, percebi que a feminilidade madura *é* compromisso conjugal e maternidade, e que a masculinidade madura *é* compromisso conjugal e paternidade. A fidelidade e a fecundidade aplicam-se espiritualmente a todos e fisicamente a muitos.

Viver para si mesmo não é maturidade; maturidade é viver para Cristo, sendo solteiro ou casado. Entendi que, se eu treinasse meus filhos para serem cônjuges e pais piedosos, eles estariam preparados para escolher livremente o chamado de Deus em suas vidas. Ganhei uma compreensão ainda mais rica disso quando me tornei católica.

A vocação à vida celibatária ou consagrada não é um chamado à castração. Devem ser desenvolvidas, em cada mulher particularmente, todas as maravilhosas qualidades que fazem parte do que o Papa São João Paulo chamou de "gênio feminino": a hospitalidade, o carinho, a generosidade, a sabedoria aplicada aos relacionamentos — para citar só algumas. A mulher que responde ao chamado de Deus à vida consagrada não renuncia à sua feminilidade;

antes, oferta-a totalmente a Deus como um dom. Da mesma forma, todas as maravilhosas qualidades da masculinidade podem encontrar expressão em qualquer vocação que o homem vier a escolher, seja para o bem de sua noiva ou para o bem da noiva de Cristo, a Igreja.

Uma auxiliar adequada

Em Gênesis, Deus declara repetidamente, ao examinar o que havia feito, que tratava-se de algo bom (cf. Gn 1, 4.12.18.21.25.31). Em seguida, aponta algo que *não é* bom:

> O Senhor Deus disse: "Não é bom que o homem esteja só. Vou dar-lhe uma auxiliar que lhe seja adequada." Assim, da terra formou o Senhor Deus todos os animais do campo e todas as aves do céu, mas não se achava para o homem uma auxiliar que lhe fosse adequada. Então o Senhor Deus fez um sono profundo cair sobre o homem e, enquanto ele dormia, tomou uma de suas costelas e fechou com carne seu lugar; e da costela que o Senhor Deus tomou do homem, ele fez uma mulher e a trouxe ao homem. Então o homem disse:
>
> *"Esta, enfim, é osso dos meus ossos*
> *e carne da minha carne;*
> *ela será chamada Mulher,*
> *porque foi tirada do homem"* (Gn 2, 18–23).

Deus cria uma boa esposa para Adão, uma auxiliar adequada para ele, feita de sua carne e ossos. Então desperta Adão e lhe apresenta sua noiva.

Essa imagem de Deus moldando a companheira de Adão e trazendo-a até ele serviu de pano de fundo para uma conversa que tive com uma mulher que dirigia um curso de verão do qual participei. Sem estar envolvida em relação romântica, eu vinha me preparando para voltar para meu último ano no Grove City College. Não queria entrar em pânico pensando se encontraria ou não meu futuro marido antes da formatura, mas esse assunto estava em minha mente. Ansiava por me casar, mas queria confiar no Senhor quanto ao momento certo.

Quando compartilhei minhas preocupações com Sibyl, ela recordou que Deus não soltou Eva no jardim e disse: "Vá encontrar Adão!" Ele também não mandou que Adão caçasse Eva. Em vez disso, no tempo certo, Deus fez Eva para Adão e a apresentou a ele. Acordando, Adão encontrou o dom que Deus lhe dera.

Sibyl me garantiu que, na hora certa, Deus me apresentaria ao meu Adão; eu não precisaria fazer isso acontecer. Por enquanto, devia deixar que Deus me refinasse, tornando-me a auxiliar adequada para aquele homem, assim como ele havia formado Eva.

Estas sábias palavras de uma boa amiga levaram-me a aprofundar a minha confiança no Senhor e a rezar por aquele futuro esposo, fosse quem fosse, sem sentir que era eu quem devia encontrá-lo. Voltei então para meu último ano com foco em servir ao Senhor, especialmente no ministério da Young Life.

Pois bem, o jovem que havia me recrutado para a Young Life no ano anterior era um amigo próximo chamado Scott Hahn. Ao longo do verão, experimentei uma sensação crescente de que ele poderia ser "o escolhido", mas tentei manter meu foco em rezar por aquele rapaz, em vez de sonhar acordada com ele. Sabia que a oração poderia ajudá-lo, e isso manteve minha mente no Senhor, e não em Scott.

No início do outono, no entanto, cada vez que via Scott eu tinha uma sensação genuína de que estava olhando para o meu futuro marido. Contei isso à minha colega de quarto, acrescentando até que não tinha certeza se já estava apaixonada por ele. Eu experimentava uma paz que não conseguia explicar. Sabia que poderia esperar do Senhor que movesse o coração dele. Mal sabia eu, porém, que Scott já havia contado a outras pessoas que planejava me cortejar.

Um mês depois de voltar para o colégio, começamos nosso namoro. Três meses depois, em 23 de janeiro, Scott me pediu em casamento. Oito meses depois, em 18 de agosto de 1979, iniciamos a grande aventura da vocação matrimonial.

O casamento traz mudanças

Numa conversa com um casal, certo pastor mencionou que no casamento os dois se tornam um. O noivo rapidamente perguntou: "Qual dos dois?"

Assim como esse homem, algumas pessoas temem que o casamento acarrete uma perda — de individualidade, personalidade, estilo de vida ou finanças. Alguns veem o casamento como uma mudança de domicílio, uma mistura de gostos e uma harmonização de mobílias; outros coabitam antes, e por isso até essas coisas não mudam muito. Há esposas que adotam o sobrenome do marido, enquanto outras mantêm seus próprios sobrenomes a fim de conservar a independência.

O casamento envolve mudanças fundamentais e profundas no relacionamento, nos papéis e no potencial de cada casal. Macho e fêmea tornam-se marido e mulher. Este é um novo relacionamento, com um novo papel a ser explorado. Tanto o marido quanto a esposa têm o potencial de permitir que o outro se torne pai ou mãe. Existe decisão mais significativa ou transformadora para um homem ou uma mulher?

Canal de graça

Enquanto Scott se preparava para tornar-se católico, nós nos perguntamos se nosso casamento precisaria de uma bênção especial para ser sacramental. Descobrimos que, como éramos protestantes batizados quando nos casamos, nosso casamento já era sacramental, embora na época não tivéssemos entendido o que isso significava.

Meu pai, o pastor que nos casou, frequentemente nos lembrava (e ainda o faz): "Kimberly, você agora é o principal canal da graça para Scott; Scott, você é o principal canal da graça para Kimberly." Isso se harmoniza perfeitamente com o ensinamento católico. A estrada da minha santificação passa por Scott. Ele não é um obstáculo a ela; antes, é parte integrante do meu caminho de santidade, ao passo que sou parte integrante do caminho dele.

A graça flui de Cristo para a Igreja, e a Igreja a dispensa a nós, seus filhos, dando nisso glória a Cristo. Da mesma forma, no sacramento do casamento, tornamo-nos canais de graça uns para os outros e, por meio de nós, para nossos filhos — tudo para a maior glória de Deus.

Aqui estão algumas perguntas críticas que você deve fazer a si mesma, se ainda não for casada: a pessoa que estou namorando encoraja a minha fé ou é um obstáculo? Serei capaz de auxiliar esta pessoa rumo à santidade, ou trata-se de alguém resistente à fé? Essas perguntas destacam a importância de um cônjuge cristão.

Uma precaução: às vezes as pessoas presumem que não importa se o futuro cônjuge é ou não é forte na fé porque a Igreja permite (com a devida dispensa) que um casal se case mesmo que ambos não sejam cristãos.

No entanto, que a Igreja permita tais uniões não significa que ela as deseje. Escolha alguém que compartilhará o chamado para conhecer, amar e servir a Deus nesta vida e desfrutá-lO na eternidade. Não se contente com quem está disposto a deixá-la seguir sozinha na vida de fé. Você precisa de alguém que compartilhe sua visão de viver para Deus.

Amar a Deus em tudo

Tudo o que temos foi Deus que nos emprestou, especialmente as pessoas em nossas vidas. Não existe *nosso* dinheiro, *nossas* posses, *nossa* família! A vocação do casamento é uma vocação de serviço. Somos mais felizes quando vivemos, junto com nosso cônjuge, à luz de Jesus Cristo como Senhor nosso.

Talvez você tenha colocado placas de "Entrada proibida" em alguns cômodos desta casa que é seu coração: "Senhor, bem-vindo à sala de estar, mas não me incomode na biblioteca, onde conservo pensamentos que pretendo manter." Ou: "O Senhor é bem-vindo à sala de jantar, mas, por favor, fique fora do quarto!" E ainda: "Bem-vindo à cozinha, mas, por favor, mantenha a porta da despensa fechada. Eu a enchi com coisas que estão apodrecendo e ainda não tenho condições de limpá-la!"

Jesus responde: "Quero ser o Senhor da mansão de seu coração." Ele quer se mudar para lá, limpar e estabelecer ali seu trono. Nós não o fazemos Senhor; ele *é* o Senhor. A questão é: vamos reconhecer seu senhorio em nossas vidas? Vamos permitir que Ele limpe os cantos escuros de nossos corações?

Às vezes as pessoas se veem como culturalmente católicas: a Igreja faz parte de sua tradição, mas não desempenha qualquer papel em suas decisões do dia a dia. Trata-se mesmo de um grande presente ter a Igreja como herança. No entanto, se um presente não tiver sido aberto e usado, ele não foi aceito. O Senhor pede que O deixemos sondar nossos corações, aquilo que acreditamos e estamos dispostos a viver.

Quando pediram a Jesus que resumisse a Lei e os profetas, Ele citou Deuteronômio 6, 5-6: "Amarás o Senhor teu Deus de todo o teu coração, de toda a tua alma e de todo o teu entendimento... Amarás o teu próximo como a ti mesmo. Destes dois mandamentos dependem toda a lei e os profetas" (Mt 22, 37.39-40). Devemos *amar a Deus* primeiro; amá-lO e aceitá-lO nos ajudarão a *amar a nós mesmos* como Ele ama, e então Ele nos capacitará a *amar nosso próximo*, o que inclui nosso cônjuge, nossos filhos, nossos parentes, nossos irmãos e irmãs no Corpo de Cristo, e daí por diante, até o mundo inteiro.

O Senhor não está procurando pessoas que possam riscar a presença na Missa dominical em sua lista de tarefas. Ele quer nossas segundas, terças, quartas, quintas, sextas e sábados. Ele quer *todo* o nosso coração, *toda* a nossa alma, *toda* a nossa força e *toda* a nossa mente — Ele nos quer *por completo*.

Não basta recitar o Credo; precisamos acreditar nele. Não basta conhecer os Dez Mandamentos; precisamos obedecê-los de coração. Não basta conhecer nossas orações; devemos rezar. Cristo não quer ser nada menos do que o centro de nossas vidas e o centro de nossos casamentos.

Um cônjuge é um presente do Senhor

Há algumas coisas que podemos dar aos nossos filhos e outras que não podemos. "Casas e bens são a herança dos pais, mas uma mulher sensata é um dom do Senhor" (Pr 19, 14). Podemos e devemos rezar para que cada um de nossos filhos encontre um cônjuge piedoso, mas não podemos fazer isso acontecer. Um cônjuge piedoso é um presente de Deus.

Se você deseja um matrimônio bem-sucedido — e se deseja que seus filhos tenham um matrimônio bem-sucedido —, é importante viver o casamento à maneira de Deus. Afinal, foi Ele quem nos criou e quem projetou o matrimônio.

É por isso que a rainha-mãe de Provérbios 31 diz a seu filho: "Você sabe reconhecer uma boa mulher como esposa? Ouça com atenção para saber o que valorizar nela; então, escolha sabiamente."

Da mesma forma, Lemuel precisa ser um homem justo. "Muitos homens apregoam a própria bondade, mas quem achará um homem verdadeiramente fiel? O justo caminha na integridade; ditosos os filhos que o seguirem!" (Pr 20, 6-7). Esses homens são joias raras. Valorize-os e dê graças a Deus por eles.

Por conseguinte, tanto uma mulher que teme ao Senhor quanto um homem justo são achados raros. Ambos valorizam o que Deus valoriza; ambos são preciosos aos seus olhos. Eles fazem o que São Paulo admoesta o povo de Colossos a fazer: "Decidam-se pelas coisas que são de cima, não pelas coisas que são da terra" (Cl 3, 2).

Espero e rezo para que, ao longo deste estudo bíblico, você descubra o quanto Deus fica contente em tê-la como filha amada. A imagem em meu coração é a de um Pai amoroso que estende a mão para você, segura seu rosto e diz: "Eu te amo de todo o coração; me ame de todo o coração."

Se você é casada ou está noiva, conte com seu Pai celestial para lhes mostrar como viver sua vocação juntos de uma maneira que O agrade. Permita que, de sua confiança amorosa nEle, flua a obediência. Assim, vocês se tornarão cada vez mais os dons preciosos que desejam ser para o Senhor e um para o outro.

Se você é solteira, confie no Senhor para guiá-la em sua vocação. Viva a sua solteirice de uma forma que O agrade; não desperdice este tempo precioso. Permita que da confiança amorosa nEle flua a obediência, e Ele continuará revelando os planos que tem para sua vida. Ao buscar a piedade, temendo ao Senhor, você crescerá em sabedoria, conhecimento e graça.

Perguntas para reflexão

1. De que maneira a fé é o alicerce do meu casamento?
2. O que o "temor do Senhor" significa para mim? Qual é a diferença entre o tipo de medo que leva ao desespero e o temor do Senhor, que traz esperança? Vejo Deus como um Pai amoroso, a quem quero agradar por valorizar meu relacionamento com Ele, ou como um chefe severo, que pode me "demitir" se estiver insatisfeito?
3. Eu me vejo como um presente da graça do Senhor para meu cônjuge? Vejo meu cônjuge como uma conquista ou um presente?
4. O principal relacionamento do meu cônjuge é com Deus ou comigo? Tenho mantido a ordem correta dos relacionamentos: com Deus, com o cônjuge, com os filhos, com os amigos…?
5. De que modo sou o principal canal da graça para meu cônjuge? É possível que eu seja um obstáculo para a graça? Como posso manter o canal da graça desobstruído?
6. O que significa ser escolhido por Deus antes da fundação do mundo (cf. Ef 1,4)?
7. "A feminilidade madura é compromisso conjugal e maternidade." Como isso pode ser aplicado a todos: solteiros, consagrados e casados?
8. Vejo os filhos como um presente de Deus ou como um obstáculo ao estilo de vida que escolhi? E meu cônjuge, como os vê?
9. Para quem ainda não casou: que preparativos essenciais devo fazer para esta vocação? Para quem é casado: Como me preparei e como gostaria de ter me preparado?

10. Se eu quiser crescer em minha fé, devo fazer mais do que saber fatos sobre Deus: devo conhecê-lO, amá-lO, desfrutá-lO. Quais são alguns paralelos entre crescer em intimidade com alguém querido e crescer em intimidade com o Senhor?

11. Para desenvolver um relacionamento íntimo...

...com alguém.	...com Deus.
a. Passar tempo juntos, um com o outro.	Oração.
b. Passar algum tempo juntos com outras pessoas.	
c. Fazer refeições na companhia um do outro.	
d. Escrever cartas para a pessoa que se ama.	
e. Ler cartas escritas pela pessoa amada.	
f. Pedir desculpas.	

g. Compartilhar as coisas maravilhosas que estão acontecendo.	
h. Defender um ao outro com lealdade.	
i. Fazer pequenas coisas um pelo outro.	
j. Estar com o outro nas dificuldades.	
k. Receber orientação de outras pessoas.	

Parte dois

SEU VALOR É MAIOR QUE O DE PÉROLAS

PROVÉRBIOS 31, 10b

CAPÍTULO TRÊS
O que realmente importa

A palavra para dizer "joias" em hebraico refere-se a coisas muito caras, como rubis ou pérolas. Provérbios 31 nos diz que, em comparação a uma esposa piedosa, essas coisas pouco valem.

Em Mateus 13, 45-46, Jesus nos fala sobre um homem que procurava pérolas preciosas. Quando encontra uma de grande valor, vende tudo o que tem para adquiri-la. A pérola a que Jesus se refere é o Evangelho, que tem um valor inestimável. A Igreja, por deter o Evangelho, é uma noiva imensamente rica. Entendimento semelhante pode ser aplicado a uma esposa piedosa: vale qualquer sacrifício para seu marido e filhos.

A rainha-mãe conhece a tentação do rei em considerar sua esposa como uma posse, um objeto a ser adquirido. Ao destacar que uma esposa é muito mais preciosa do que joias, ela lhe oferece sua nova perspectiva. Por outro lado, seu ensinamento também serve como lembrete para que todas as mulheres tenham cuidado com qualquer homem que as trate como mera propriedade.

Anteriormente, em Provérbios, a sabedoria é personificada como uma mulher: "Ela é mais preciosa do que joias, e nada do que você deseja se compara a ela" (Pr 3, 15). À medida que crescemos em sabedoria, nossa fala se torna mais refinada e nossas palavras se convertem em bênçãos para os outros. Exemplificamos o provérbio que diz: "Há ouro, há abundância de pedras preciosas; mas os lábios sensatos são joia rara" (Pr 20, 15). Como esposas e mães piedosas, nossas palavras sábias são de valor inestimável.

A fonte de nosso valor

Quem ou o quê determina nosso valor? Se consultarmos nossa cultura atual, obteremos um conjunto de respostas; se consultarmos o Senhor, a resposta será muito diferente. O mundo nos julga pelas aparências; Deus julga o coração.

Os critérios externos incluem juventude, beleza, talento, habilidade, riqueza, inteligência e fama. Embora alguns indivíduos se destaquem nessas áreas, mesmo os "vencedores" sabem que o terreno em que pisam é instável.

Quem tem juventude ou beleza sabe que é apenas uma questão de tempo até que alguém mais jovem ou atraente passe a chamar a atenção. Mesmo as rainhas de concursos de beleza podem listar falhas que corrigiriam para serem mais belas. Uma atriz atraente, mas envelhecida, certa vez se questionou se teria a "coragem" de recusar as cirurgias plásticas.

Quem tem dinheiro constantemente se compara a quem tem ainda mais. O quanto é suficiente para ficar satisfeito ou para se sentir seguro?

Quem tem fama — por suas proezas físicas, habilidade ou talento — pergunta-se quanto tempo permanecerá no centro das atenções. E, embora os ricos e famosos possam parecer felizes, os jornais estão cheios de histórias sobre sua solidão e isolamento.

O que realmente importa

Para alguns, não é a beleza ou a força muscular o que os define: seu senso de valor vem de seus cérebros. Alcançam graus de instrução superiores e buscam o avanço na carreira e uma remuneração correspondente. No entanto, sabem que há uma fila de pessoas mais jovens e dispostas a receber menos pelo mesmo trabalho; estas esperam apenas a oportunidade. Um dia, ademais, chega a aposentadoria, e então o que resta de uma identidade tão associada à acuidade da mente e ao desempenho profissional?

Mesmo o estado civil pode dar uma falsa sensação de valor. Uma mulher pode permanecer solteira para provar que não precisa de homem, apenas para terminar sozinha. Outra pode se casar em busca de uma identidade, apenas para descobrir, porém, uma sensação de perda ou abandono em vez de realização. Embora nossos cônjuges e filhos devam *afirmar* nosso valor, eles não o *determinam*.

Em total contraste com todas essas formas de medir nosso valor, Deus fala ao coração de seus amados filhos e filhas. Ele diz: *Você é precioso porque eu o criei e o redimi. Sou eu quem confere seu senso de valor.*

Desde o começo

Deus criou homens e mulheres diferentes — de maneira profunda e maravilhosa —, mas todos foram feitos à sua imagem. O *Catecismo da Igreja Católica* diz: "Criados *juntamente*, o homem e a mulher são, na vontade de Deus, um *para* o outro" (n. 371). Assim afirma Adão: "Esta, enfim, é osso dos meus ossos e carne da minha carne; ela será chamada mulher, porque foi tirada do homem" (Gn 2, 23).

A primeira ordem que Deus dá a Adão e Eva, que é tanto uma bênção para o casamento quanto uma ordem, está registrada em Gênesis 1, 27-28: "Criou Deus, pois, o homem à sua imagem, à imagem de Deus o criou; macho e fêmea os criou. E Deus os abençoou, e Deus lhes disse: 'Sede fecundos e multiplicai-vos, e enchei a terra e sujeitai-a; e dominem sobre ela.'"

Desde o princípio, Deus chama a atenção para a divisão da natureza humana entre macho e fêmea. Ambos devem ser uma comunhão de seres que se amam e que doam a vida em imitação de seu Senhor Trino, imagem segundo a qual foram criados. Quando Adão e Eva caíram em pecado, ambos passaram a necessitar de um Salvador. Juntos, deixam o Jardim do Éden sob a profecia de que um Salvador viria (cf. Gn 3, 15).

São Paulo deixa claro que, em Cristo, não há distinção entre homens e mulheres quanto à salvação: "Porque todos quantos fostes batizados em Cristo vos revestistes de Cristo. Não há judeu nem grego, não há escravo nem livre, não há homem nem mulher; porque todos vós sois um em Cristo Jesus" (Gl 3, 27-28).

Portanto, homens e mulheres são igualmente feitos à imagem e semelhança de Deus, igualmente necessitados de salvação como consequência da Queda, igualmente destinatários da oferta da salvação em Cristo. No entanto, homens e mulheres são fundamentalmente diferentes, a começar pelo DNA de cada célula. Vários meios de comunicação nos bombardeiam com a ideia de que não há diferenças fundamentais entre homens e mulheres. Essa ideia põe em movimento uma relação competitiva, e não complementar. No casamento, essa falsa noção encoraja homens e mulheres à autossuficiência em vez de a uma saudável interdependência. Esta é uma aplicação errada da verdade sobre a equalidade entre homens e mulheres.

São Paulo adverte: "Não vos conformeis com este mundo, mas transformai-vos pela renovação da vossa mente, para que experimenteis qual seja a vontade de Deus, que é boa, agradável e perfeita" (Rm 12, 2). Em outras palavras, existem mensagens "deste mundo" que são contrárias à vontade de Deus. Em relação a homens e mulheres, ao ato conjugal, ao próprio casamento e ao valor dos filhos, o quanto nos conformamos a essas mensagens e como precisamos de que nossos pensamentos sejam transformados pelo poder da verdade?

O foco é servir

Segundo nossa cultura, a posição do marido como principal provedor de sua família constitui um "condicionamento cultural" que tem por objetivo negar às mulheres educação, carreira, prestígio e trabalho remunerado. No entanto, Deus ordena que os homens sustentem suas famílias. A primeira epístola a Timóteo 5, 8 adverte: "Se alguém se descuida dos seus, e principalmente de sua própria família, negou a fé e é pior do que um descrente." Embora a esposa possa ajudar, a responsabilidade pelas necessidades financeiras da família recai sobre o marido.

Nossa cultura menospreza o papel da esposa enquanto dona de casa tratando-o como um estratagema cultural para limitar as mulheres a trabalhos enfadonhos — cuidar de crianças, limpar, cozinhar —, como se fossem empregadas domésticas não remuneradas. No entanto, São Paulo aborda o valor desse trabalho ao exortar as mulheres mais velhas a que ensinem as mais jovens a seguir seu exemplo de serviço no lar:

> Assim também as mulheres de mais idade mostrem no seu exterior uma compostura santa, não sejam maldizentes nem intemperantes, mas mestras de bons conselhos. Que saibam ensinar as jovens a amarem seus maridos, a quererem bem seus filhos, a serem prudentes, castas, cuidadosas da casa, bondosas, submissas a seus maridos, para que a Palavra de Deus não seja desacreditada (Tt 2, 3-5).

O zelo de uma mulher por sua família a enobrece. Até seu corpo revela que cuidar dos filhos é uma tarefa principalmente sua: ele produz leite para alimentar seu bebê. (Digam o que disserem os especialistas, a lactação masculina nunca vai virar moda.) De maneiras que nem sempre vemos, esse trabalho crucial em nome da família no lar reforça nosso testemunho.

Deus instilou entre os sexos outras diferenças que auxiliam em sua complementaridade. Interpessoalmente, os homens são, com mais frequência, iniciadores; as mulheres, responsivas. Mesmo no ato conjugal nossos corpos o refletem: é a mulher que recebe a semente vinda do homem.

Os homens tendem a liderar com racionalidade; as mulheres, com sensibilidade emocional, e consequentemente elas têm uma integração mais forte entre seus corpos e emoções. Isso não significa que as mulheres sejam irracionais e os homens, emocionalmente insensíveis. Mas há, nas tendências reativas do homem e da mulher, uma complementaridade que enriquece seu relacionamento — especialmente no matrimônio, quando ambos apreciam a perspectiva um do outro.

Da mesma forma, os homens tendem ao conhecimento ou aos fatos; as mulheres, à sabedoria e à intuição. Novamente, isso não significa que os homens sejam tolos e as mulheres não sejam inteligentes. Mas essas tendências se equilibram quando homens e mulheres aceitam as contribuições uns dos outros.

Apontar essas diferenças só se torna ofensivo quando as características masculinas são vistas como de valor maior que as femininas. Quando um homem e uma mulher se respeitam, percebem as vantagens de que suas perspectivas sejam diferentes. Sua complementaridade os aproxima um do outro, e eles são capazes de construir, no namoro, um relacionamento saudável e interdependente que progride para um casamento piedoso e uma família sólida.

O Papa São João Paulo II falou do "gênio" peculiar das mulheres, o qual beneficia primeiro a família, mas também a Igreja e a cultura. Ele pediu às mulheres que levassem esse presente único a todos os estratos da sociedade e exortou-as a explorar a riqueza do papel de esposa e mãe dentro de casa, especialmente quando esse papel é denegrido pela sociedade. Apresentou a Bem-aventurada Virgem Maria como o modelo do gênio feminino em geral e da maternidade — física e espiritual — em particular.

> *Nela, virgindade e maternidade coexistem:* não se excluem nem se limitam. De fato, a pessoa da Mãe de Deus ajuda a todos — especialmente as mulheres — a ver como essas duas dimensões, esses dois caminhos na vocação da mulher como pessoa, se explicam e se completam.[1]

O Papa encorajou as mulheres a entenderem o que significa ser mulher, a fim de que saibamos servir ao Senhor como mulheres de Deus, especialmente na vocação matrimonial.

Um tabernáculo vivo

Dado que homens e mulheres são um em Cristo, são ambos templos do Espírito Santo — tabernáculos vivos. São Paulo conecta a inabitação do Espírito Santo ao chamado à santidade para homens e mulheres: "Não sabeis que o vosso corpo é templo do Espírito Santo, que habita em vós, o qual recebestes de Deus? Já não vos pertenceis; fostes comprados por um grande preço. Glorificai, pois, a Deus no vosso corpo" (1 Cor 6, 19-20).

Que preço é esse? A vida de Jesus. Quanto vale algo assim?

---

1 Papa João Paulo II, carta apostólica *Mulieris dignitatem* sobre a dignidade e a vocação da mulher, 15 de agosto de 1988, n. 17; e também *Carta às mulheres*, 29 de junho de 1995.

Nossos corpos se tornaram moradas do Espírito Santo. Que diferença isso deve fazer em nossos modos, nossas roupas e nossas palavras? Comportamentos adequados para uma prostituta de um século atrás agora desfilam nas telas da TV: sexo com qualquer um, roupas sedutoras, falas indignas. Em contraste, considere as mulheres mais velhas que você descreveria como donas de uma feminilidade piedosa. Vejo em minha mãe e em outras dessas mulheres as seguintes qualidades:

- Uma beleza atraente e radiante, não sedutora ou escandalosa.
- Um comportamento que contém boas maneiras e dignidade.
- Uma disposição gentil e suave, mas também firme e respeitosa.
- Uma postura controlada e pacífica, em lugar de frenética.
- Um modo de agir que é gentil, caloroso e cativante, e não aproveitador.
- Um espírito de sacrifício, em vez de impertinente.
- Uma atitude leve a respeito das coisas em geral, sem abandonar suas convicções mais profundas.
- Um coração atento ao cônjuge e aos filhos, sem servilismo.

E essa lista poderia aumentar.

Das mulheres declaradas santas, quais encarnam para nós o sentido correto da feminilidade? De ser esposa? Da maternidade? Entre as padroeiras das mães estão Santa Ana, mãe da Santíssima Virgem, e Santa Mônica, mãe de

Santo Agostinho. Santa Elizabeth Ann Seton era mãe e professora — um bom modelo para quem pratica a educação domiciliar. Santa Gianna Molla deu a própria vida para que seu filho ainda não nascido pudesse viver. Vá atrás destas e de outras "irmãs mais velhas na fé" para conseguir o apoio da oração de que você e sua família precisam.

Pureza sexual

Como glorificamos a Deus em nossos corpos? São Paulo declara: "Porque esta é a vontade de Deus: a vossa santificação; que eviteis a impureza" (1 Ts 4, 3). A palavra "santificação" se refere ao processo pelo qual nos tornamos santos como nosso Pai celestial é santo. "A exemplo da santidade daquele que vos chamou, sede também vós santos em todas as vossas ações" (1 Pe 1, 15).

São Paulo relaciona em particular a pureza sexual com a santidade. Podemos ofertar nossa pureza sexual como um dom ao Senhor por meio do celibato consagrado — para servi-lO com devoção sincera — ou no casamento — para servi-lO por meio da abertura à vida. De qualquer forma, tomamos o poder de nossa sexualidade e o damos ao Senhor em sacrifício. A pureza nos capacita a tornar real o presente que o Senhor deseja.

Impureza sexual

Talvez você não tenha sido questionado sobre a pureza sexual nas aulas de religião, na catequese em preparação para o Crisma ou em retiros. Talvez um de seus pais tenha insistido para que você usasse anticoncepcionais no ensino médio ou na faculdade. Não importa o que tenha acontecido antes; você precisa conhecer a verdade para poder vivê-la agora.

O Senhor criou o ato conjugal apenas para o casamento. No ato do casamento, os dois se tornam um; e, se esses dois se separam e seguem seus próprios caminhos, uma parte de cada um deles desaparece, é arrancada. Mesmo que não saibam que é pecado, ainda há consequências: violar a lei de Deus causa ruptura.

Um apresentador de *talk show* andava entrevistando transeuntes, perguntando se já tinham ido a bares para "ficar" com alguém. Uma mulher respondeu rapidamente: "Todo fim de semana."

Surpreso com sua resposta taxativa, o anfitrião perguntou: "Você sabe o nome deles?"

"Isso seria intimidade demais!", respondeu ela. Seria íntimo saber o nome dos homens com quem ela andara tendo relações sexuais; mas se entregar a eles, não.

Nós *ficamos* unidos a alguém com quem experimentamos o ato conjugal, não importa quais sejam nossas intenções. Não se trata aqui de um clichê sentimental, do tipo "é bom ser um só com você". Trata-se de uma realidade metafísica. Até a prostituta, diz-nos São Paulo, fica unida ao homem de quem só deseja um pagamento (cf. 1 Cor 6, 16). Imagine como ela se entristece, tendo pedaços seus arrancados a todo momento.

Qualquer ato de relação sexual entre duas pessoas que não são casadas — seja antes do casamento; durante o casamento, com outra pessoa; depois de viúvas ou divorciadas — é um pecado grave. Que o casal ache ou não ache que isso é errado, não importa: a verdade é essa. Quem pratica esses atos fica afastado da vida da graça.

Um casal de noivos se aproximou de seu padre para confessar o pecado de fornicação. Ele respondeu: "Ah, vocês estão noivos; já estão quase casados." Felizmente, os dois sabiam que haviam pecado e pediram a absolvição. Não era prerrogativa do padre minimizar a gravidade de seu pecado. Às vezes as pessoas confundem amor com luxúria. A pressão por "fazer amor" não traz amor. O amor consiste em esvaziar-se, num sacrifício que se doa pelo bem do outro. A luxúria almeja usar o outro para o prazer. O amor constrói confiança; a luxúria destrói a confiança. E a confiança é fundamental para o casamento.

Uma esperança que vem de nosso Pai Celestial

O profeta Jeremias traz uma mensagem de esperança ao povo de Deus no exílio. Esse povo abandonara o verdadeiro culto a Deus e vira a destruição do glorioso Templo. Havia testemunhado a morte de muitos de seu povo, incluindo crianças. Agora, setenta anos depois, Jeremias proclama: "Bem conheço os desígnios que mantenho para convosco — oráculo do Senhor —, desígnios de prosperidade e não de calamidade, de vos garantir um futuro e uma esperança" (Jr 29, 11).

Esta é uma mensagem que serve para todos nós: não se concentre em medos, falhas ou fraquezas, mas no amor, no perdão e no poder curador de Deus. Ele planeja um futuro cheio de esperança para todos nós!

São Pedro recorre à metáfora da construção. Cristo é a pedra angular viva, escolhida e preciosa — rejeitada por outros, mas valorizada por seu Pai celestial. Nós também somos pedras vivas, escolhidas e preciosas. Deus nos redimiu para sermos "raça escolhida, sacerdócio régio, nação santa, povo exclusivo de Deus" (1 Pe 2, 9). Estas são imagens que o Antigo Testamento usou para descrever o povo de Deus (cf., por exemplo, Dt 11, 15; Is 43 e 44). Aqui, São Pedro aplica essas expressões à Igreja, inclusive a nós. Nossa preciosidade não se baseia no que temos ou no que fizemos, mas em quem somos em Cristo.

E se você se sentir manchado?

A pureza é importante, mas, quer a tenha conservado ou não, *você* ainda é uma dádiva. Você pode experimentar uma espécie de virgindade secundária se escolher viver, a partir deste momento, na pureza do perdão vivido. "A castidade se dá no presente e no futuro"[2].

Certo domingo, Padre B. distribuiu envelopes selados aos paroquianos enquanto eles entravam na igreja. Durante a homilia, convidou as pessoas a abrirem os envelopes. Todos tinham duas moedas — uma brilhante e nova e outra que apresentava muito desgaste. O padre salientou que, embora uma moeda estivesse em muito melhor estado do que a outra, ambas tinham o mesmo valor. Da mesma forma, limpos ou sujos, todos nós temos grande valor aos olhos do Senhor.

---

2   Mary Beth Bonacci, *Real Love*, Ignatius, São Francisco, 1996, p. 145.

Talvez você não tenha considerado o bastante o quão preciosa você é para esperar pelo casamento antes de consumar o ato conjugal. Ou talvez tenha se dado a alguém em adultério. E agora, o que fazer? Independentemente das escolhas que você fez, a boa notícia é a de que Deus pode curar e perdoar. Independentemente de você *se sentir* uma pessoa preciosa ou não, Deus afirma que você *é* preciosa porque a criou e a está redimindo.

Eis, agora, sua escolha: você vai permitir que os sentimentos de culpa e vergonha a levem ao arrependimento, para que você possa ser uma filha de Deus, alguém que recebeu o perdão e a oportunidade de um novo começo? Ou vai ignorar as dores da culpa porque acha que a pureza sexual não é mais possível? Lembre-se das palavras de Jeremias. E aproveite a graça que o sacramento da Confissão oferece.

Um sacramento de cura

Podemos vislumbrar os efeitos do perdão de Deus na Confissão se observamos uma pérola. A pérola é feita de areia, a qual entra numa ostra e a irrita, de forma que a ostra produz um invólucro ao redor dela. Quanto mais tempo a areia provoca a ostra, mais bonita e maior a pérola se torna.

Este é um exemplo de como o Senhor pode usar até mesmo as más escolhas que fizemos. Por meio da Confissão, somos reconciliados com Deus. Embora existam irritações contínuas — consequências de nossos pecados —, elas representam oportunidades para nossa purificação, oportunidades para nos embelezarmos pela graça.

Na Confissão, colocamos nossos pecados ao pé da Cruz. Saímos de lá com o perdão, renovadas, dotadas de força para resistir às tentações futuras e com a oportunidade da penitência para curar, em parte, o dano que nossos pecados causaram ao Corpo de Cristo. Chegamos manchadas; saímos restauradas.

Uma amiga minha, que levava uma vida desenfreada antes de aceitar a fé, foi se confessar. Embora tivesse confessado seus pecados e recebido a absolvição, ainda se sentia culpada. Então ela confessou os mesmos pecados novamente. Quando foi confessar os pecados pela terceira vez, o padre perguntou:

— Por que você está confessando isso de novo?

Ela disse:

— Eu me sinto tão mal, tão suja. Não sei como me livrar disso.

Ele respondeu:

— Você já se livrou. Agora você está sendo presunçosa.

— O que o senhor quer dizer? — reagiu ela. — Achei que estivesse sendo humilde.

— Isso não é humildade — replicou ele, gentilmente. — Se Deus Todo-poderoso pode perdoá-la, quem é *você* para não se perdoar?

Minha amiga saiu do confessionário decidida a caminhar sabendo que o passado havia ficado para trás: ela havia sido perdoada! E agora ela exorta os outros a abraçarem a humildade que pode resultar da humilhação.

Na verdade, o orgulho de permanecer sexualmente puro antes do casamento pode ser mais prejudicial para um relacionamento do que a humildade do arrependimento após o pecado sexual. De uma forma ou de outra, a graça de Deus é necessária para que o relacionamento prospere.

Quanta liberdade desfrutamos como filhas de nosso Pai celestial! Que bênção casar-se com um homem que também desfruta da liberdade que vem com a disciplina da Confissão (cf. Sl 119, 9-11). Para nós que temos filhos, quanto mais pudermos ajudá-los a formar o hábito da Confissão, mais abençoaremos nossas futuras noras e netos. Da mesma forma, o hábito da Confissão abençoará nossas filhas e suas futuras famílias. Podemos mesmo inspirar uns aos outros a manter o canal da graça desobstruído, de modo que nossa família, de geração em geração, conheça o Senhor.

CAPÍTULO QUATRO

Uma mulher de valor

São Lucas registra que uma mulher, tradicionalmente identificada como prostituta, entra na casa de Simão, um fariseu que está acolhendo Jesus. O fariseu não ofereceu a Jesus nem um lava-pés nem um beijo de saudação, atos comuns de hospitalidade. Em contraste, esta mulher lava os pés de Jesus com suas lágrimas, enxuga-os com seus cabelos, depois os beija e os unge.

Simão observa Jesus a fim de testar sua autenticidade como líder religioso: Jesus sabe que tipo de mulher O está tocando? A postura e as ações de Simão demonstram sua incapacidade de viver bem a fé. A mulher pecadora, por outro lado, demonstra sua grande fé e seu grande amor. Essa é a avaliação de Jesus sobre a situação:

> E voltando-se para a mulher, disse a Simão: "Vês esta mulher? Entrei em tua casa e não me deste água para lavar os pés; mas esta, com as suas lágrimas, regou-me os pés e enxugou-os com os seus cabelos. Não me deste o ósculo; mas esta, desde que entrou, não cessou de beijar-me os pés. Não me ungiste a cabeça com óleo; mas esta, com perfume, ungiu-me os pés. Por isso, te digo: seus numerosos pecados lhe foram perdoados, porque ela tem demonstrado muito amor. Mas ao que pouco se perdoa, pouco ama." E disse a ela: "Tua fé te salvou; vai em paz" (Lc 7, 44-50).

A tristeza dessa mulher por seus pecados é seu presente para Cristo. Ele recebe a transgressão de uma prostituta e a perdoa com a profundidade de seu amor e sua graça incondicionais.

Como a mulher desta passagem, nos aproximamos do sacramento da Confissão e derramamos ali nossa dor, que se torna presente nosso ao Senhor. Ele recebe esse dom e, por meio do padre, diz a cada uma de nós o que disse a ela: "Seus pecados estão perdoados. Vá em paz." Ele não resolve nosso sentimento de remorso, mas livra-nos da culpa por meio do sacrifício da Cruz.

Tradicionalmente, a pecadora tem sido associada a Maria Madalena, que é a *Santa* Maria Madalena. Embora não haja uma identificação bíblica positiva dessa mulher, por causa dessa associação Maria Madalena tem sido invocada, há séculos, por aqueles que lutam contra o pecado sexual. Se você está entre eles, cogite adotar Maria Madalena como padroeira. Pense em quanto amor e compaixão ela tem por você. Ao mesmo tempo, ela irá exortá-la a acreditar que está perdoada e a caminhar no grande, grande amor que você tem ao Senhor. Pois, "se confessamos os nossos pecados, ele é fiel e justo para nos perdoar os pecados e nos purificar de toda injustiça" (1 Jo 1, 9).

Imagine Santa Maria Madalena citando o salmista:

> Só em Deus espera em silêncio a minha alma,
> é dele que me vem o que eu espero.
> Só ele é meu rochedo e minha salvação;
> minha fortaleza: jamais vacilarei.
> Só em Deus encontrarei glória e salvação;
> meu rochedo protetor, meu refúgio está nele,
> em Deus (Sl 61, 6-9).

Uma mulher de valor

Deus restabelece nossa honra. Ele *é* a nossa honra!

Busque a pureza

"Rejeitai a imoralidade. Qualquer outro pecado que o homem comete é fora do corpo; mas o imoral peca contra o próprio corpo" (1 Cor 6, 18). Outras traduções vertem este versículo como: "Fugi da fornicação."

Fornicação é o ato sexual realizado antes do casamento. Fugir da fornicação não significa estabelecer uma linha e depois ver o quão perto você pode chegar dessa linha sem ultrapassá-la. Diante de um inimigo pronto para atacar, a reação certa é a fuga: corra para salvar sua vida!

O fogo de uma lareira proporciona calor, luz e uma atmosfera maravilhosa; fora da lareira o fogo gera estragos, causando dor, destruição e morte. Se um prédio está pegando fogo e alguém grita: "Fuja!", sua pergunta não é: "Quão perto posso chegar sem me queimar?" Antes, você foge da frente do perigo.

O casamento é como a lareira. A relação sexual dentro do casamento é santa, boa e maravilhosa; fora do casamento, é perigosa. O autor de Provérbios diz o seguinte sobre o adultério:

> Porventura pode alguém esconder fogo em seu seio
> sem que suas vestes se inflamem?
> Pode caminhar sobre brasas
> sem que seus pés se queimem?
> Assim o que vai para junto da mulher do seu próximo
> não ficará impune depois de a tocar (Pr 6, 27-29).

A Igreja Católica nos exorta a evitar as ocasiões próximas de pecado, aquelas situações que diminuem nossas inibições e enfraquecem nossa vontade de buscar a pureza. Não é tarde para mudar seus hábitos. Aqui estão algumas dicas para as pessoas ainda não casadas:

- *Evite ficar a sós com alguém do sexo oposto tarde da noite.* Depois da meia-noite parece ser mais perigoso do que antes.
- *Evite atividades que envolvam álcool*, pois o álcool pode diminuir suas inibições. Mesmo uma pequena quantidade é capaz de impedir você de pensar com clareza.
- *Fique atenta sempre que estiver a sós com alguém*, especialmente em um apartamento vazio ou no alojamento de faculdade. Seja realista: existem mesmo tentações de expressar o amor fisicamente, mas de formas que só convêm ao casamento.
- *Conversem, como casal*, sobre os limites à expressão física do amor antes do casamento. A Igreja nos admoesta a não nos envolvermos em ações que despertem desejos que somente o ato conjugal pode satisfazer. Se você excita a outra pessoa de uma forma que ainda não pode ser satisfeita, você a ludibria. Isso leva à frustração e prejudica o relacionamento.
- *Definir limites realistas* ajudará vocês a se responsabilizarem mutuamente. Alguns casais cresceram em responsabilidade pedindo que seus pais ou algum amigo próximo os interrogassem periodicamente sobre como estão se saindo nessa área.
- *Rezem uns pelos outros;* no entanto, tenham cuidado com momentos de oração intensa se estiverem a sós um com o outro. Isso pode parecer ridículo, mas, quando expõe sua alma diante do Senhor junto a alguém, você expressa intimidade, e isso às vezes pode levar à tentação da intimidade física. Alguns padres aconselham os casais

a rezarem em grupo ou próximos a outros, depois da Missa ou numa capela, em vez de rezar sozinhos.
- *Estabeleçam uma disciplina regular de confissão.* Este é um meio muito útil de crescer em responsabilidade.

Guardem seus corações e procurem honrar quem vocês amam. Lembrem-se: o lado físico de um relacionamento pode alcançar rapidamente outras áreas da relação. Concentrem-se em construir uma amizade forte entre vocês, em crescer espiritualmente, em ter partilhas intelectuais e em se divertir juntos. Isso desenvolve a base de uma parceria vitalícia no casamento. Mesmo que vocês não se casem, não terão do que se arrepender, desde que o objetivo dos dois seja honrar um ao outro.

Vasos de beleza

São Paulo fala dos vasos que Deus fez para sua glória:

> Porventura não é o oleiro senhor do barro para poder fazer da mesma massa um vaso para uso honroso, e outro para uso vil? E se Deus, querendo mostrar a sua ira e tornar manifesto o seu poder, suportou com muita paciência os vasos de ira, preparados para a perdição, a fim de mostrar as riquezas da sua glória sobre os vasos de misericórdia, que preparou para a glória? (Rm 9, 21-23).

Nós somos esses vasos de beleza: vasos de misericórdia que dão honra e glória ao Senhor. Ele é o oleiro a nos moldar como algo belo para Ele mesmo. Esta é a obra de Deus em nós, uma obra em andamento. "Porque somos feitura sua, criados em Cristo Jesus para boas obras, as quais Deus de antemão preparou para que andássemos nelas" (Ef 2, 10). Rute é um exemplo maravilhoso de vaso de beleza. Vale a pena ler o livro bíblico que leva seu nome. Segue-se aqui um breve resumo. Uma família judia emigra para Moab, procurando escapar da fome em sua cidade natal, Belém. Noemi e seu marido permitem que seus dois filhos se casem com mulheres moabitas: Rute e Orfa. Então a calamidade se abate: o pai e os dois filhos morrem. Noemi fica sem marido, sem filhos, sem netos e com duas noras pagãs numa terra estrangeira.

Embora isso seja humilhante, Noemi decide voltar sozinha para seu povo. Ela libera suas noras de qualquer obrigação de ajudá-la e as exorta a se casarem novamente com homens de seu próprio povo. Orfa concorda e vai embora, mas Rute se apega a Noemi. "O teu povo será o meu povo", diz ela, "e o teu Deus, o meu Deus" (Rt 1, 16).

Rute acompanha Noemi no retorno a uma terra cuja língua e costumes ela não conhece. Observa a religião de Noemi como alguém de fora, mas está disposta a entrar neste mundo de sua sogra porque seu coração se voltou para o Senhor. Noemi fora privada de tudo o que ela ama, exceto sua fé; Rute está disposta a deixar tudo o que sabe para trás para poder ter a fé de Noemi.

Ao chegarem a Belém, Noemi conta a Rute sobre o costume judaico de permitir que os pobres recolham grãos: quando um fazendeiro colhe um campo, ele deve trabalhar em curva nas extremidades, deixando os cantos para os pobres. E ele só pode colher uma vez, para que os pobres possam respigar, ou seja, apanhar o trigo que vai ficando para trás. Noemi sabe que um parente mais velho e distante, Boaz, tem um enorme campo onde Rute poderá respigar com segurança. Rute segue obedientemente as instruções de Noemi e trabalha muito. Boaz a nota e ouve contarem como ela é piedosa. Diz a ela: "Todos os meus concidadãos sabem que és uma mulher virtuosa" (Rt 3, 11). Noemi explica a Rute outro costume judaico, a lei do Levirato: um parente masculino de um marido falecido pode solicitar que a viúva se torne sua esposa para gerar descendência para o morto. Embora Boaz seja muito mais velho que Rute — duas vezes ele se refere a ela como "filha" —, Rute atende à sua reivindicação de parentesco e se casa com ele. Este é um ótimo exemplo de compromisso conjugal para durar a vida inteira, em contraposição à atração física sem virtude.

A benevolência do Senhor

O livro de Rute mostra como Deus abençoa os que confiam nEle. Cada membro da família — Rute, Noemi e Boaz — recebe a benevolência do Senhor. E esta benevolência se estende a todos os seguidores de Jesus por meio deles.

Rute e Boaz têm um filho, Obede, que se torna pai de Jessé, pai do rei Davi. Embora Rute tenha nascido fora da linhagem familiar da aliança, por meio da fé ela se tornou bisavó do rei Davi. Trata-se de uma das poucas mulheres listadas na genealogia de Jesus (cf. Mt 1, 5-6). O Senhor abençoa sua fidelidade.

Rute ama sua sogra, crê em sua palavra e abraça a fé por meio de seu testemunho. Traz honra ao nome da família e dá à luz um herdeiro que será, para Noemi, a grande alegria de sua velhice. Este é um testemunho da relação possível entre sogra e nora, mesmo após a morte do filho e cônjuge.

Noemi, privada de tudo a não ser uma nora estrangeira e sua fé, vive o suficiente para experimentar a alegria de ser avó de Obede e ser recebida na casa de Boaz. O Senhor restaura sua honra. As mulheres de Belém proclamam, sobre a criança: "Bendito seja o Senhor, que não te deixou hoje sem parentes; e que teu nome seja célebre em Israel! Ele será para ti um restaurador da vida e um sutento de tua velhice; porque a tua nora que te ama, que para ti vale mais do que sete filhos, o gerou" (Rt 4, 14-15).

Boaz, muito correto e piedoso, obtém a benevolência do Senhor quando recebe Rute como esposa. Por ser homem idoso, de outra maneira poderia não ter se casado. "Aquele que possui uma mulher virtuosa tem com que tornar-se rico; é uma ajuda que lhe é semelhante, e uma coluna de apoio" (Eclo 36, 26).

Boaz conhece a verdade do provérbio: "O homem de bem alcança a benevolência do Senhor... A raiz dos justos não será abalada. Uma mulher virtuosa é a coroa de seu marido" (Pr 12, 2-4). Deus estabelece a raiz dos justos por meio de Rute e Boaz, pois eles se tornam parte da linhagem direta do rei Davi e de Jesus.

O casamento: ideia de Deus

Jesus é o cumprimento das promessas de Deus ao seu povo no Antigo Testamento, das promessas de amor esponsal e fiel, mesmo diante da infidelidade de Israel. Contudo, Jesus faz mais: eleva o casamento a um novo nível, ao de um sacramento. Não só convida seu povo para ser sua noiva, a Igreja; também chama cada um de nossos casamentos a ser, diante do mundo, testemunha do relacionamento que Ele tem com ela. São Paulo, após citar a mesma passagem que Jesus cita (Gn 2, 24), diz: "Esse mistério é grande, quero dizer, com referência a Cristo e à Igreja" (Ef 5, 32). Aqui a palavra grega para mistério, *mysterion,* é traduzida para o latim como *sacramentum,* do qual obtemos a palavra *sacramento.*

O Vaticano II nos diz que o sacramento do Matrimônio vai além dos dois enamorados, pois é também testemunho do amor de Deus por seu povo. É este o desígnio de Deus como autor do casamento.[1]

No casamento cristão, duas pessoas contribuem não apenas para o bem-estar de seus filhos, mas também para o bem comum da sociedade. Nossas leis devem refletir essas realidades. Precisamos promover, preservar e proteger a instituição do casamento, lembrando sempre que o casamento é ideia de Deus.

Muitas pessoas querem redefinir o casamento e a família simplesmente porque acham que os arranjos de casamento e família foram criados pela humanidade.

---

1 Concílio Vaticano II, Constituição pastoral *Gaudium et Spes* sobre a Igreja no mundo atual, n. 48.

Mesmo em círculos religiosos, os cristãos que procuram ser "culturalmente relevantes" emitem declarações de apoio ao concubinato e ao casamento homossexual. Alguns cristãos parecem achar que, se sua denominação declarar que algo é verdade, será verdade! Mas essa é uma ideia tão tola — e tão perigosa — quanto a de fazer o Congresso revogar a lei da gravidade. Os deputados não a podem revogar. Os cristãos que pensam ter revogado as leis do casamento na verdade deixam de ser proféticos e nada mais fazem senão ecoar os últimos suspiros de sua cultura.

Um conselho para as amadas do Senhor

Se você ainda não está comprometida, deleite-se em ser a amada de Deus. Deixe o amor dEle satisfazê-la. Alegre-se em sentir-se estimada por Ele. Isso também a ajudará a identificar o homem certo, pois este homem imitará seu Pai celestial ao estimá-la. Não se contente com menos.

Você é um presente para Deus e para seu futuro cônjuge. Se ainda não conheceu aquela pessoa em particular e acredita que foi chamada para o casamento, este momento serve para Deus refiná-la. Busque a piedade e confie o futuro ao Senhor.

Não é aconselhável namorar um não cristão. Ele pode até ser um bom sujeito, um rapaz legal; mas, se o coração dele não pertence ao Senhor, não lhe dê seu coração, que pertence ao Senhor. Você pode achar que é forte o suficiente para estar com um não cristão e não se apaixonar por ele. No entanto, está se esquecendo de como seu coração pode ficar confuso quando você passa tempo com alguém.

Não namore alguém para convertê-lo. Mesmo que você tenha certeza de que seria melhor para ele tornar-se cristão — e é —, você não deve invadir os limites de seu livre-arbítrio. Você corre o risco de confundir o coração e a cabeça dele, que estará entre assumir um compromisso com você e assumir um compromisso com o Senhor. Fazendo isso, você também prescinde da obra do Espírito Santo na vida dessa pessoa.

Quantas pessoas se juntaram à Igreja Católica ou concordaram em se casar na Igreja para pacificar um católico que amavam, mas em outra fase da vida vieram a questionar essa decisão ou contestá-la? Alguns chegaram a negar a fé que abraçaram e a dizer aos filhos que o cônjuge cristão está mentindo para eles.

Tenha em mente que você deve se unir a alguém que a veja como preciosa da mesma maneira como o Senhor a vê. Ele lhe dedica grande estima? Você é um achado raro para ele? Ele demonstra gostar de você como sua amada? É assim que Jesus vê você e é assim que seu cônjuge deve valorizá-la.

Às vezes as pessoas se enganam, interpretando o fato de a Igreja permitir que uma pessoa cristã se case com alguém descrente como uma admissão de que se trata de uma opção tão boa quanto a de se casar com uma pessoa cristã. Embora lícito, o casamento entre um cristão e um não cristão não pode ser um casamento sacramental. Mesmo se permitida por dispensa, essa situação está muito aquém do desejo de Nosso Senhor e da Igreja para você.

São Paulo fala veementemente sobre isso: "Não vos prendais ao mesmo jugo com os infiéis. Que união pode haver entre a justiça e a iniquidade? Ou que comunidade entre a luz e as trevas?" (2 Cor 6, 14). Tudo o que temos e somos pertence ao Senhor; como podemos nos entregar a alguém que não pertence igualmente ao Ele? Além disso, precisamos de toda graça que pudermos obter para ter um casamento que, em lugar de definhar, floresça. Outra tradução expressa o conceito de *união equívoca* como "jugo desigual"[2]. A imagem é a de dois bois que estão unidos, mas em cujos ombros a canga repousa de maneira desequilibrada. Seu trabalho será menos produtivo e o esforço de um pode anular o do outro. Eles não podem arar juntos e, portanto, não podem se ajudar mutuamente na tarefa que lhes foi confiada.

Por que desejaríamos um casamento que não pode usufruir das graças sacramentais disponíveis para o casamento, uma vez que nosso cônjuge não permanece na fonte da graça, que é Jesus? Precisamos de algo mais do que um cônjuge que nos permita praticar a fé e ensiná-la aos filhos. Precisamos de um cônjuge que nos encoraje na fé, que nos acompanhe à Missa, que apoie nossos esforços para criar filhos piedosos. O anseio mais profundo de nossos corações não está apenas em compartilhar esta vida no casamento, mas apenas em compartilhar a vida eterna com nossas famílias no Céu.

Além de levantar preocupações sobre o casamento com um descrente, o *Catecismo* adverte sobre o casamento

---

2 Esta expressão é encontrada *English Standard Version* e na *King James*.

entre uma pessoa católica e um cristão não católico. Ainda que "a diferença de confissão religiosa entre os cônjuges não (constitua) um obstáculo insuperável para o Matrimônio, (...) pode então surgir uma tentação: a indiferença religiosa" (n. 1634). Cônjuges de diferentes denominações podem se sentir tentados a colocar a religião em segundo plano em vez de buscar um lar centrado em Cristo. E as crianças podem ser levadas a acreditar que, se mamãe e papai não falam de religião, ela não deve ser tão importante assim.

Sugiro, então, que as pessoas namorem fiéis católicos — fiéis católicos fortes. Você precisa de mais do que alguém com *pedigree* católico: precisa de alguém que entenda a fé e queira continuar crescendo nela. Quando duas pessoas se aproximam do Senhor, se aproximam e descobrem o lindo desígnio de Deus para o casamento. O objetivo não é sobreviver, mas prosperar, ter o melhor casamento possível.

Assim como Cristo purifica a Igreja "pela água do Batismo com a palavra" (Ef 5, 26), também o marido fiel deve purificar sua esposa pela água do Batismo com a Palavra. Seu marido ou namorado ajuda você a se embelezar mais e mais no Senhor? Ele conhece a Palavra de Deus bem o suficiente para poder ajudar você a aplicá-la em sua vida?

Às vezes subestimamos a nós mesmas e o testemunho que nosso casamento pode dar. Ou caímos no pecado de dar demasiada importância a nós mesmas e às nossas necessidades, vontades e desejos pessoais, de maneira egoísta. Ambas essas atitudes podem nos impedir de ser tudo o que o Senhor quer que sejamos. Fomos abençoadas para ser uma bênção não apenas para nossa própria família, mas também para nossa nação e nosso mundo. Só Deus sabe até onde Ele vai nos usar. O que Ele realmente procura é a nossa disponibilidade e a nossa fidelidade para fazer tudo o que nos chama a fazer.

Você é casada com alguém que não crê?

Se você já é casada com alguém que não crê, é provável que viver a verdade tenha um impacto maior do que falar muito sobre sua fé. São Pedro menciona os maridos que se tornaram fiéis graças ao comportamento de suas esposas, e não por causa de palavras:

> Vós, também, ó mulheres, sede submissas aos vossos maridos. Se alguns não obedecem à palavra, serão conquistados, mesmo sem a palavra da pregação, pelo simples procedimento de suas mulheres, ao observarem vossa vida casta e reservada. (...) Tende aquele ornato interior e oculto do coração, a pureza incorruptível de um espírito suave e pacífico, o que é tão precioso aos olhos de Deus (1 Pe 3, 1-2.4).

O que é preciso para que uma joia seja perfeitamente engastada? É preciso lapidar, polir, desbastar os cantos, limpá-la e colocá-la onde possam ver sua beleza. Deus tem muito trabalho a fazer em nós para nos refinar.

Observe que São Pedro não vincula a submissão da esposa ao quão piedoso é o marido. Em vez disso, diz que, independentemente da fé ou da falta de fé do marido, os atos reverentes da esposa falam mais alto do que as palavras quando se trata de chamar um homem a ser o homem que Deus deseja. Para aquelas com maridos não cristãos, esta passagem destaca a maneira mais eficaz de atrair o coração dele ao Senhor: não procure maneiras de ganhar discussões, mas, em vez disso, desenvolva um espírito quieto e gentil. Você é um presente da graça do Senhor para seu marido, como uma bênção da Nova Aliança, mesmo que ele não entenda a fé.

No antigo Israel, quando alguém tocava um cadáver, era declarado impuro por certo período de tempo; quando, porém, era Jesus a fazê-lo, o poder fluía para ressuscitar o morto (cf. Lv 15, 25-30; Nm 5, 2; Mt 9, 25; 11, 5; Lc 8, 54). No Antigo Testamento, um leproso era considerado impuro até que um sacerdote o declarasse puro; mas, quando Jesus toca os leprosos, seu poder de cura os torna sãos (cf. Lv 14; Mt 8, 3; Mc 1, 41). De acordo com a lei do Levítico, quando alguém tocava uma mulher cujo sangue estivesse fluindo, ficava impuro; mas, quando Jesus é tocado pela hemorroíssa, o poder curativo dEle enche o corpo dela e estanca o sangramento (cf. Mc 5, 25-34). Em cada caso, não é Jesus que se torna impuro, mas aquele que estava impuro é que é restaurado. Os efeitos da graça são poderosos.

Jesus demonstra seu poder revertendo os efeitos daquilo que, sob a antiga aliança, trazia impureza. Jesus o purifica. Este é o pano de fundo para entender o ensinamento de São Paulo sobre o casamento entre um cristão e um não cristão:

Se uma mulher desposou um marido pagão e este consente em coabitar com ela, não repudie o marido. Porque o marido que não tem a fé é santificado por sua mulher; assim como a mulher que não tem a fé é santificada pelo marido que recebeu a fé. Do contrário, os vossos filhos seriam impuros quando, na realidade, são santos (1 Cor 7, 13-14).

São Paulo destaca o poder da graça que age através do cônjuge cristão em benefício do cônjuge que não crê e seus filhos. Eles se tornam santos — isto é, são especialmente separados para o Senhor. Isso não significa que estejam salvos; no entanto, o cônjuge que crê *é* um canal de graça na vida deles. E esta graça tem efeitos poderosos sobre toda a família. Assim como o testemunho de Noemi atraiu o coração de Rute para o Senhor, podemos permitir que nosso amor por Deus abra o coração de nossos entes queridos.

Perguntas para reflexão

1. Sei o quanto sou preciosa aos olhos de Deus como sua filha amada? Quem ou o quê determina meu senso de valor?

2. Como posso utilizar o sacramento da Confissão para desobstruir o canal da graça em minha vida? O que posso fazer quando nutro sentimentos de culpa depois de ter confessado? Como meu cônjuge e eu podemos encorajar um ao outro na disciplina da Confissão, e que diferença isso pode fazer em nosso casamento?

3. Quem são meus modelos de conduta e os do meu cônjuge? Quais são as qualidades deste modelo que pretendo imitar? Por que as diferenças entre homens e mulheres são complementares, e não concorrentes? Que dons, habilidades e interesses meu cônjuge e eu trazemos para nosso casamento? Como usaremos esses dons para fortalecer um ao outro e a nossa união?

4. Que responsabilidade tem o homem, segundo 1 Timóteo 5, 8? No que diz respeito ao serviço à família, de que modo o papel de provedor do homem e o papel da mulher como dona de casa a fortalecem? Eu valorizo esses papéis?

5. Que valor dou à pureza? Meu cônjuge conserva nossa intimidade pura? Para aqueles que ainda não são casados: a pessoa com quem namoro incentiva a pureza?

6. Nosso relacionamento íntimo se baseia num desejo dado por Deus ou na luxúria? Se na luxúria, como podemos reorientar nosso relacionamento?

7. Como ajudar nossos filhos a discernir entre luxúria e amor?

8. O que significa dizer: "Meu marido não é um obstáculo à minha santificação, mas faz parte da minha santificação"?

9. Se meu cônjuge não crê ou tem uma fé fraca, como posso fazer de Cristo o fundamento de nosso casamento? O que posso dizer a uma amiga, a um filho ou a uma filha que esteja pensando em se casar com uma alguém não cristão?

10. Como podemos ajudar nossos filhos homens a valorizar uma mulher piedosa?

PARTE TRÊS

O CORAÇÃO DE SEU MARIDO CONFIA NELA

PROVÉRBIOS 31, 11a

CAPÍTULO CINCO
Alicerce de fidelidade

O profeta Jeremias diz: "É graças ao Senhor que não fomos aniquilados, porque não se esgotou sua piedade. Cada manhã ele se manifesta, e grande é sua fidelidade" (Lm 3, 22-23). O amor do Senhor nunca vacila; sua graça não conhece limites. Todos os dias Ele é totalmente confiável. Ele providencia o alicerce de fidelidade sobre o qual edificamos nossas vidas e nossas famílias como seus filhos fiéis e cheios de fé. Mesmo em tempos de dificuldade, podemos dizer com o salmista: "Cantarei, eternamente, as bondades do Senhor; minha boca publicará sua fidelidade de geração em geração" (Sm 88, 2).

Fidelidade e confiança

"Confia nela o coração de seu marido" (Pr 31, 11a). O que isso significa? Em primeiro lugar, não quer dizer que ela lhe oferece uma dieta saudável para o coração. Aqui, *coração* refere-se à mente, à alma, ao espírito deste homem. Ele confia seu bem-estar a ela.

As pessoas se recomendam a alguém digno dessa confiança. O salmista o advertiu adequadamente: "Mais vale procurar refúgio no Senhor do que confiar no homem. Mais vale procurar refúgio no Senhor do que confiar nos grandes da terra" (Sm 118, 8-9). O marido não confia em sua esposa *em vez de* confiar no Senhor; ao contrário, confia nela *porque* ela confia no Senhor.

Na época em que percebi que Scott seria meu marido, mas ainda não estávamos namorando, o Salmo 36, 3-5 teve grande força para mim:

> Espera no Senhor e faze o bem;
> habitarás a terra em plena segurança.
> Põe tuas delícias no Senhor,
> e os desejos do teu coração ele atenderá.
> Confia ao Senhor a tua sorte, espera nele,
> e ele agirá.

Minha segurança repousava no Senhor; eu sabia que Ele agiria no tempo certo. Nesse ínterim, concentrei-me em fazer o bem e deleitar-me nele. Dessa forma, poderia pedir a Deus que mudasse os desejos do meu coração ou me desse o que meu coração desejava. Um desses desejos era um cônjuge fiel. Não é algo bom a se desejar?

O amor tem fronteiras

Certa vez, tive um professor que se orgulhava de causar tumulto. Ele opinava: "Se o seu cônjuge *não* tiver um caso nos primeiros cinco anos de casamento, o seu casamento é doentio. Isso significa que você não confia em que seu cônjuge possa ficar com outra pessoa e voltar para você."

De acordo com esse professor, fidelidade era o mesmo que estagnação e desconfiança, ao passo que a infidelidade revelava um casamento saudável. Que visão complicada! Algumas meninas deixaram a aula chorando; eu estava pronta para o combate.

Alicerce de fidelidade

Aproximei-me do professor. "Não concordo com você. Pretendo me casar com um cristão que terá o Espírito Santo. Por mais que ele me ame no dia em que nos casarmos, creio que seu amor e sua fidelidade crescerão, pois a fidelidade é fruto do Espírito. Tentações para que eu e meu futuro marido cometamos adultério ocorrerão, mas isso não quer dizer que cairemos. Pela graça divina, nossa fidelidade imitará a fidelidade de Deus."

O professor respondeu com um risinho, mas Scott e eu vivemos na prática a veracidade dessas palavras.

No casamento, o amor tem alguns limites, e a saúde de um matrimônio se encontra dentro deles. Nós nos entregamos completamente um ao outro e a ninguém mais. Aí residem a liberdade e a segurança.

Se você ainda é solteira, perceba que relacionamentos sexuais anteriores podem enfraquecer a confiança que um futuro cônjuge terá em você. Estabeleça a castidade como sua maneira de viver agora, e essa confiança aumentará. Use de sabedoria ao se abrir sobre os pecados do passado: detalhes não são necessários ou úteis. E dê ao seu futuro cônjuge tempo para lamentar, se necessário, a perda do que você não guardou. Se ele for incapaz de perdoá-la e superar seu passado, não é o homem certo para você. Da mesma forma, se você não puder deixá-lo se abrir sobre suas quedas passadas e perdoá-lo, você não é a pessoa certa para ele. Um amor incondicional é necessário para que qualquer casamento funcione.

A fidelidade no namoro é importante porque é quando você desenvolve os hábitos para um casamento bem-sucedido. Em privado, vocês não dão, um ao outro, motivo para suspeitas. Por exemplo: seus amigos do sexo oposto também devem ser amigos de seu amado. Caso contrário, afaste-se desses relacionamentos para que a intimidade com eles nunca seja interpretada como infidelidade. Em público, você não faz nada que possa pegar mal para o outro. Você sabe que o representa e faz tudo o que pode para honrá-lo na frente dos demais.

Passos em falso em direção à infidelidade

Quando um casal se casa, geralmente a intenção não é cometer adultério. Como acontece, então, essa traição radical? O livro dos Provérbios desenha para nós um cenário do desenvolvimento da infidelidade. Vejamos o que a sedutora faz para atrair o homem e examinemos os erros que o homem comete. Então comparemos essas ações com o que a mulher e o homem de Deus podem e devem fazer. (Aviso: as mulheres às vezes têm a moral frouxa; os homens às vezes são estúpidos.)

> Estava eu atrás da janela de minha casa,
> olhava por entre as grades.
> Vi entre os imprudentes,
> entre os jovens,
> um adolescente incauto:
> passava ele na rua
> perto da morada de uma dessas mulheres
> e entrava na casa dela.
> Era ao anoitecer,
> na hora em que surge a obscuridade da noite.
> Eis que uma mulher sai-lhe ao encontro,

Alicerce de fidelidade

ornada como uma prostituta e o coração dissimulado.
Inquieta e impaciente,
seus pés não podem parar em casa;
umas vezes na rua, outras na praça,
em todos os cantos ela está de emboscada.
Abraça o jovem e o beija,
e com um semblante descarado diz-lhe:
"Tinha que oferecer sacrifícios pacíficos;
hoje cumpri meu voto.
Por isso, saí ao teu encontro para te procurar!
E achei-te!
Ornei minha cama com tapetes,
com estofos recamados de rendas do Egito.
Perfumei meu leito com mirra,
com aloés e cinamomo.
Vem! Embriaguemo-nos de amor até o amanhecer,
desfrutemos as delícias da voluptuosidade,
pois o marido não está em casa:
partiu para uma longa viagem,
levou consigo uma bolsa cheia de dinheiro e só voltará
lá pela lua cheia."

Seduziu-o à força de palavras
e arrastou-o com as lisonjas de seus lábios.
Põe-se ele logo a segui-la,
como um boi que é levado ao matadouro,
como um cervo que se lança nas redes,
até que uma flecha lhe traspassa o fígado,
como o pássaro que se precipita para o laço
sem saber que se trata de um perigo para sua vida
(Pr 7, 6-23).

A sedutora

A sedutora tem "coração dissimulado". Percebe que seu marido está deixando a cidade com muito dinheiro — e não voltará para casa por quinze dias. Agora é sua oportunidade de ter um caso. Ela sai de casa vestida de forma provocante, com a intenção de atrair um homem. Em vez de permanecer ocupada em casa, é rebelde e escandalosa, inconstante e indisciplinada. Está à espreita numa espécie de emboscada — sua infidelidade é premeditada. Quando vê o homem se aproximar, porta-se de modo inapropriadamente afetuoso para com ele. Fala com o homem de maneira sedutora, mas inclui uma referência aos atos religiosos que ela completou naquele dia, dando um verniz espiritual ao seu discurso. Não pretende aceitar um não como resposta. "Porque os lábios da mulher alheia destilam o mel; seu paladar é mais oleoso que o azeite. No fim, porém, é amarga como o absinto, aguda como a espada de dois gumes" (Pr 5, 3-4).

Se o homem for casado, as tentações dela podem ser uma espécie de competição com a esposa dele: "Veja como me preparei para ter relações com você, enquanto sua esposa não". Ela lhe está apresentando um desafio, ciente de que, depois que um casal está unido há algum tempo, a esposa pode não se sintonizar com as necessidades do marido da mesma forma como quando se casaram. Ela aproveita o fato de que a esposa talvez esteja cuidando dos filhos o dia todo, trabalhando no lar e, possivelmente, às voltas com algum ofício fora de casa. Sabe que as muitas responsabilidades e pressões da vida de casada podem diminuir o tempo, a energia e o desejo da relação conjugal.

A adúltera, por outro lado, não tem em quem pensar além de si mesma e daquele a quem está seduzindo. Uma mulher empenhada em seduzir um homem provavelmente dedicará mais tempo para que o ato conjugal pareça algo realmente maravilhoso, realmente divertido. A sedutora apela ao amor: "Vem! Embriaguemo-nos de amor até o amanhecer." Porventura isso é amor? Não: é luxúria. Este não é um compromisso verdadeiro; são duas pessoas usando uma a outra.

A indisciplina do homem

Perceba que o homem não evita a ocasião próxima de pecado. Ele decide sair à noite, quando deveria estar em casa com a família, e deliberadamente toma o caminho próximo à casa da sedutora. Pode dizer a si mesmo que não a procurou, embora vá aonde tem certeza de que ela o encontrará. Então ele se detém para ouvi-la. Não repreende de modo algum quando ela demonstra afeto. Espera enquanto ela o tranquiliza quanto a serem pegos pelo marido e permite que o corteje com promessas de prazer, confundindo luxúria com amor.

Em vez de liderar e se recusar a pecar com a adúltera, ele a segue como "um boi levado ao matadouro". Nenhuma desculpa pode justificar suas ações — nem uma crise de meia-idade, estresse em casa ou uma esposa negligente. Essas desculpas explicam como um homem se torna vulnerável, mas não justificam o adultério.

Um preço tremendo em troca de um pouco de prazer. Esse é um pecado mortal e custará a vida dele. "Perecerá por falta de correção e se desviará pelo excesso de sua loucura" (Pr 5, 23). Naturalmente, isso também se aplica à adúltera.

O que deve fazer uma esposa piedosa?

Em contraste com a adúltera, a esposa piedosa usa roupas atraentes, mas modestas; veste-se para agradar o marido, e não para tentar outros homens. Faz de sua casa um refúgio onde seu marido quer estar com ela e sua família. Ostenta "um espírito suave e pacífico" (1 Pe 3, 4). Sua fala e afetos são sinceros e cheios de amor. Ela pratica a fé com sinceridade, e não como afetação.

A mulher piedosa se prepara para os momentos de intimidade, permitindo que seu marido conheça sua alegria nas expressões físicas de amor e seu desejo de atender às necessidades dele. É confiável, esteja seu marido fora da cidade a negócios ou não. Ela se mantém atenta, ciente de que a tentação pode vir, mas não vive com medo e desconfiança em relação ao cônjuge. Reza regularmente por si mesma e por seu marido, pedindo proteção contra qualquer mal que possa privá-los da segurança e felicidade de seu casamento e família.

O que deve fazer um marido piedoso?

A solução do homem para a sedução do adultério é encher seu coração de prazer na esposa de sua juventude. "Seja bendita a tua fonte! Regozija-te com a mulher de tua juventude, corça de amor, serva encantadora. Que sejas sempre embriagado com seus encantos e que seus amores te embriaguem sem cessar!" (Pr 5, 18-19).

Tanto o marido quanto a esposa precisam cultivar afeição, deleitar-se um no outro. Eles se protegem mutuamente da tentação, cada um satisfazendo às necessidades de afeto físico do outro.

Nosso casamento é o relacionamento central da família. O cônjuge deve ser nossa principal prioridade e nossos filhos, a segunda. Precisamos atender às necessidades de nossos filhos sem sermos consumidos por eles, de modo que pouco sobre para nosso cônjuge. Pela graça de Deus, podemos conservar nossas prioridades. A depender da urgência das necessidades, de quantos são os filhos e de quantos anos cada um tem, isso pode ser mais fácil de falar do que fazer.

Intimamente, existe entre os cônjuges uma bela e legítima necessidade de afeto físico que nutre seu relacionamento e abençoa todos os membros da família. As crianças gostam de ver seus pais se beijando e se abraçando — com pequenos atos de afeto, claro, e não demonstrações inadequadas de intimidade. Um casal de Cincinnati que conheço se refere a isso como "fofoquinha na cozinha". Ao testemunhar esses atos, as crianças podem expressar uma crítica, mas os sorrisos em seus rostos entregarão seus sentimentos verdadeiros: mamãe e papai não apenas se amam: eles gostam de estar juntos!

Quando nossos filhos pequenos se enfiavam entre nós, eu achava que estavam tentando nos separar. Agora percebo que só queriam ser incluídos, sentir o contato do amor.

Mantenha-se alerta

Uma das maneiras pelas quais Satanás tenta destruir testemunhos eficazes é a destruição do casamento. Os que estão envolvidos em certos apostolados precisam estar cientes de que podem ser alvos especiais. Por quê? Porque estão fazendo incursões no reino das trevas e, se não ficarem vigilantes, podem se tornar vulneráveis.

Às vezes, as pessoas se aproximam espiritualmente — rezando ou trabalhando juntas em um apostolado qualquer — e não percebem o quanto são vulneráveis. Podem não perceber a inadequação de pequenas expressões de afeto, presentes ou sentimentos pessoais. Só que suas respostas positivas a esses pequenos passos podem levar a um envolvimento ainda maior. E é preciso lidar com esse envolvimento antes que se torne um caso consumado.

Certa vez, um pároco recebeu de uma paroquiana um bilhete expressando sentimentos inadequados. Ele ligou para ela a fim de marcar uma consulta e pediu que trouxesse o marido. Quando se encontraram, ele pediu que ela lesse a carta para o esposo, em voz alta. Depois de lê-la, ela pediu perdão ao pároco e ao marido.

Uma mulher se aproximou de Scott após uma de suas palestras. Deu-lhe um longo abraço, que o deixou desconfortável, e então se ofereceu para hospedá-lo em sua casa sempre que ele viesse palestrar na região. Talvez tenha sido uma oferta inocente; de qualquer modo, Scott imediatamente respondeu que, em suas viagens, não se

Alicerce de fidelidade

hospedava em casas de mulheres. Então fez referência a mim: mesmo a menção do nome do cônjuge pode jogar água na chama da tentação de alguém.

Algumas pessoas, no entanto, não se importam se você e seu companheiro são casados. Uma aliança de casamento apenas torna sua conspiração um desafio maior. E o simples fato de que alguém é "piedoso" não significa que esta pessoa não virá atrás de seu cônjuge. Você não pode se dar ao luxo da ingenuidade. "Sede sóbrios e vigiai. Vosso adversário, o demônio, anda ao redor de vós como o leão que ruge, buscando a quem devorar" (1 Pe 5, 8).

Seja sábia em suas amizades. Não presuma que, só porque alguém é um bom amigo da família, não é possível que surja um caso. Um bom amigo acaba aparecendo quando seu cônjuge não está... e, quando você menos espera, seus corações já estão confusos. Isso pode levar à morte: à morte espiritual e à morte do seu casamento.

Às vezes podemos nos sentir particularmente vulneráveis quando temos conflitos não resolvidos ou decepções em nosso casamento, como problemas financeiros que nosso cônjuge não consegue resolver. Na solidão e na confusão, podemos procurar alguém que demonstre empatia e dividir com ele o que há em nosso interior, sem considerar o que estamos fazendo: fechando nosso coração para nosso cônjuge e o abrindo para outro. Isso é especialmente perigoso se estivermos certos de que nada pode nos tentar a ser infiéis.

O casamento é a revelação mais íntima de uma pessoa para outra. Trate essa revelação com devoção e reverência.

Preserve o santuário do seu casamento. Empreenda o trabalho do relacionamento junto com seu cônjuge, ouvindo o coração dele e abrindo-lhe o seu, resolvendo conflitos e expressando ternura e afeto.

Em busca da liberdade

Se nos encontramos hoje envolvidos com outra pessoa, o que podemos fazer? Primeiro, reze por ajuda e sabedoria. São Tiago escreve: "Se alguém de vós necessita de sabedoria, peça-a a Deus — que a todos dá, liberalmente, com simplicidade e sem recriminação — e lhe será dada" (Tg 1, 5). Deus deseja nos dar sabedoria.

Em seguida, confesse qualquer coisa que seja pecaminosa, mesmo que suas ações sejam apenas decisões imprudentes em vez de pecados deliberados. O flerte, por exemplo, pode enviar uma mensagem confusa. Entre dois solteiros, pode ser divertido; depois do casamento, no entanto, há de ser perigoso. Entenda-o como é: não um elogio, mas um ataque ao seu casamento ou ao da outra pessoa.

Por fim, agradeça ao Senhor por seu cônjuge. Ponha seu coração em seu amado. Isso a ajudará a proteger seu casamento e a construir o alicerce de fidelidade que garante a confiança de seu marido em você.

CAPÍTULO SEIS

Como construir a confiança no dia a dia

Construímos o alicerce da confiança por meio de pensamentos, palavras e ações. Aqui estão algumas áreas que nos fazem progredir diariamente na fidelidade para com nosso cônjuge.

Nossos pensamentos

Oração antes de tudo

Nossa vida de oração é a pedra angular sobre a qual se constrói o alicerce da confiança. Há limites para o que podem fazer um marido ou uma esposa; para o que Deus pode fazer, porém, não há. Na oração, nos aproximamos de nosso Pai celestial como filhos e filhas amados. Louvamos a Deus por tudo o que Ele faz e confiamos a Ele nossas preocupações com o que enfrentamos e com nossos entes queridos, por quem Ele nutre um amor maior do que nós. Escolhemos Cristo a cada dia, numa espécie de conversão contínua. E a cada dia escolhemos nossos cônjuges, rezando por eles.

Quanto mais crescemos na graça, mais nos abrimos à obra do Espírito em nossa vida. O Espírito produz em nós "caridade, alegria, paz, paciência, afabilidade, bondade, fidelidade, brandura, temperança" (Gl 5, 22-23). Em vez de enfrentar os desafios da vida conjugal com nossas próprias forças e habilidades, pedimos ao Espírito que nos dê seu poder. Rezamos pedindo sabedoria, na certeza de que o Senhor se compraz quando "um marido vive bem com sua mulher" (Eclo 25 1, 2).

Pedimos pela pureza, cientes da tentação, mas sem ficarmos controladas pelo medo. Estar alerta não é o mesmo que questionar a fidelidade de nossos cônjuges; a suspeita e o ciúme diminuem nosso amor. Presumo que serei fiel a Scott — e Scott a mim —, mas também rezo pedindo fidelidade, atenta às tentações.

Também rezamos em *ação de graças*. "Não vos inquieteis com nada! Em todas as circunstâncias apresentai a Deus as vossas preocupações, mediante a oração, as súplicas e a ação de graças. E a paz de Deus, que excede toda a inteligência, haverá de guardar vossos corações e vossos pensamentos, em Cristo Jesus" (Fl 4, 6-7). A ansiedade não faz nada que seja bom; a oração traz a paz.

Pureza de pensamento

Nunca, jamais alimente pensamentos impuros. A pornografia tende a tentar os homens mais do que as mulheres, mas, ultimamente, as estatísticas revelam que os *sites* pornográficos têm atraído um público feminino cada vez maior. Por favor, não trate essa imundície como algo inócuo ou tolo. Ela logo se torna uma forma de dependência com sérias consequências individuais, familiares e sociais.

A pornografia é triste, degradante e humilhante; destrói casamentos e prejudica vidas. Imagens mentais oriundas de filmes, novelas, romances picantes, revistas ou *sites* são difíceis de apagar. Seu cônjuge é o único homem ou mulher que você deve ver nu — a única pessoa que você deve desejar.

A luxúria começa na mente. Assim Jesus prega no Sermão da Montanha: "Ouvistes que foi dito aos antigos: não cometerás adultério. Eu, porém, vos digo: todo aquele que lançar um olhar de cobiça para uma mulher já adulterou com ela em seu coração" (Mt 5, 27-28).

As tentações não são pecado; demorar-se em pensamentos impuros é. Assim que um pensamento impuro surgir, rejeite-o e substitua-o por um pensamento puro. Faça sua imaginação honrar o Senhor e seu cônjuge.

São Paulo ecoa a importância do pensamento piedoso: "Além disso, irmãos, tudo o que é verdadeiro, tudo o que é nobre, tudo o que é justo, tudo o que é puro, tudo o que é amável, tudo o que é de boa fama, tudo o que é virtuoso e louvável, eis o que deve ocupar vossos pensamentos" (Fl 4, 8).

Perdoar de coração

O ato de perdoar é um ato da vontade. O quanto sentimos que perdoamos não prova se perdoamos de fato o outro.

Ao contrário de Deus, para nós não é fácil esquecer, mesmo quando perdoamos verdadeiramente. Quando nos lembramos de um incidente, devemos agradecer a Deus por termos perdoado as pessoas envolvidas. (Remoer acontecimentos, ações ou palavras antigas que já perdoamos é, de fato, pecaminoso.)

Perdoar de coração nos ajuda a proteger nosso casamento. "O ódio desperta rixas; a caridade, porém, supre todas as faltas" (Pr 10, 12).

Um espírito grato

São Paulo enfatiza a importância da gratidão: "Vivei sempre contentes. Orai sem cessar. Em todas as circunstâncias, dai graças, porque esta é a vosso respeito a vontade de Deus em Jesus Cristo" (1 Ts 5, 16-18). A vontade de Deus é que sempre agradeçamos a Ele. Crescemos em fidelidade quando somos alegres e gratos, especialmente por nossos cônjuges.

Podemos executar muitas tarefas — cuidando da casa e dos filhos —, mas, se tivermos uma atitude azeda, se permitirmos que cresça a amargura, se fizermos as coisas de forma superficial, esgotamos a alegria dentro de nós e em nosso lar. Por outro lado, quando executamos as tarefas com alegria e gratidão, demonstramos ser dignas confiança.

Toda vez que você estiver frustrada com a forma como seu cônjuge falou ou agiu, considere o incidente como uma foto tirada num instante em que ele estava bocejando. Você diria: "Essa foto não faz justiça a ele." Da mesma forma, seu mau comportamento não lhe faz justiça. Ao invés disso, guarde uma imagem de seu cônjuge "maquiado": com aquilo que é bom, verdadeiro e atraente. Diga a si mesma e às outras pessoas as coisas maravilhosas que ele já disse e fez, bem como as qualidades de caráter que atraíram-na a ele. E dê graças a Deus por seu esposo.

Nossas palavras

Rezar juntos

Rezem em casal e em família. Santa Teresa de Calcutá gostava de citar a frase do padre Patrick Peyton: "Família que reza unida permanece unida." Quanto mais um casal se aproxima de Deus, mais se aproxima um do outro. Esta é a ideia por trás do que ensinou o arcebispo Fulton Sheen: são necessários três para que haja um casamento.[1]

A oração mantém o sofrimento em perspectiva, seja o sofrimento que experimentamos juntos ou o sofrimento que infligimos uns aos outros. Por amor ao próximo, imitamos a aceitação da cruz por parte de Cristo: "Em vez de gozo que se lhe oferecera, ele suportou a cruz" (Hb 12, 2). Nós nos concentramos na alegria do que Deus realiza em nós e por intermédio de nós em meio ao sofrimento.

Falar a verdade com amor

Manifeste respeito em todos os momentos (cf. Ef 5, 33) e espere respeito de seu cônjuge. Vocês dois querem compartilhar os próprios pensamentos e saber que eles são valorizados. Quando vocês se comunicam com respeito e regularmente, as discussões sobre ofensas, problemas e dificuldades são mais frutíferas. O objetivo não é corrigir ou ferir um ao outro, mas falar a verdade com amor, a fim de que o relacionamento prospere.

---

[1] Fulton J. Sheen, *Three to Get Married*. Princeton, Nova Jersey, Scepter, 1996.

Certo ano, antes das férias em família, meu pai selecionou esta passagem para todos nós memorizarmos: "Já o sabeis, meus diletíssimos irmãos: todo homem deve ser pronto para ouvir, porém tardo para falar e tardo para se irar; porque a ira do homem não cumpre a justiça de Deus" (Tg 1, 19-20). Em outras palavras, ouça com verdadeira empatia. Muitas vezes somos rápidos em oferecer uma solução em vez de compaixão. Respondam em vez de reagir verbalmente, deixando a graça ser um lubrificante em meio à possibilidade de atritos. E, quando do conflito, ofereça mais luz do que calor, controlando a raiva. Escolha soluções pacíficas para as dificuldades, pois uma explosão de raiva apenas prolongará os esforços para a resolução.

Devemos trabalhar continuamente as habilidades de comunicação para entender nossas diferenças. As palavras elogiosas devem ser muitas; as de crítica, poucas. Devemos desenvolver regras sobre como brigar de forma justa, de forma a minimizar os danos e maximizar a eficiência na resolução, acreditando sempre no melhor do outro. Isso faz parte do processo vitalício de cuidar um do outro como parceiros amados na aliança.

Lembre-se: Deus está mais interessado em tornar *você* santa do que em usá-la para santificar seu cônjuge. Tenha humildade para amadurecer na caridade para com seu cônjuge. Lidere com amor, tanto quanto puder, antes, durante e depois dos momentos de conflito.

Levante preocupações com a maior gentileza possível, falando a verdade amorosamente. Tenha ciência de que o momento é importante. Lembre-se de que "as feridas do amigo são provas de lealdade" (Pr 27, 6) e "uma repreensão causa mais efeito num homem prudente do que cem golpes num tolo" (Pr 17, 10). Se crescermos juntos como homens e mulheres compreensivos, construiremos o alicerce da confiança e do amor incondicional, o qual nos permite receber repreensões ponderadas e responder de maneira oportuna.

Comunicar-se com clareza

Nossas capacidades de comunicação melhoram quando crescemos em autoconhecimento e adquirimos uma compreensão melhor de nosso cônjuge. Há uma série de recursos disponíveis para nos ajudar. Quanto mais compreendermos e apreciarmos as diferenças entre nós, mais pacientes seremos conosco e com quem segue conosco. Alguns retiros auxiliam os casais a terem uma boa comunicação.

Testes de personalidade, como o Myers-Briggs, nos ajudam a identificar nossas forças e fraquezas naturais e a entender as fontes de possíveis conflitos. Por exemplo, se um de nós for introvertido e o outro, extrovertido, poderemos ter conflitos no âmbito da socialização. Se entendermos o modo como cada um vê as coisas, poderemos nos ajustar às necessidades do outro, de modo que ambos nos sintamos levados a sério. Do mesmo modo, se um é planejador e o outro, mais espontâneo, podemos aprender a apreciar as diferenças e encontrar formas de compartilhar nossos pontos fortes.

Os testes de temperamento nos ajudam a avaliar por que reagimos da maneira que reagimos.[2] Eles revelam virtudes que são naturais para nós — pelas quais merecemos menos crédito do que pensávamos — e aquelas que precisam ser mais trabalhadas, porque não as temos naturalmente. A compreensão nos ajuda a ser mais pacientes conosco e com os outros, ao mesmo tempo em que nos mostra as áreas que precisam de algum esforço. Os resultados do teste também podem ser úteis na direção espiritual.

Outra fonte de diferenças entre os cônjuges pode ser a posição de cada um na ordem de nascimento dos irmãos.[3] Aprender sobre esse assunto ajudou Scott e eu a entender um padrão em nossa resolução de conflitos. Como primogênita, tenho dificuldade em ser a primeira a me desculpar. Scott, filho caçula de seus pais, pede desculpas com facilidade. Por que é assim?

Um primogênito tem mais experiência e conhecimento (pelo menos nos primeiros anos) do que seus irmãos. Estar certo a maior parte do tempo não leva à humildade. Um caçula, por outro lado, tende a errar muitas vezes se comparado aos irmãos mais velhos, o que induz à humildade. Embora ajude a explicar por que Scott pede desculpas com mais facilidade do que eu, isso não me dispensa de crescer em humildade.

Outra área de autocompreensão que foi uma fonte de bênçãos para nosso casamento é o conceito das linguagens

---

2   Art e Laraine Bennett, *The Temperament God Gave You: The Classic Key to Knowing Yourself, Getting Along with Others, and Growing Closer to the Lord*, Sophia, Manchester, 2005; e Florence Littaur, *Your Personality Tree*, W Publishing Group, Nashville, 1986.

3   Kevin Leman, *The Birth Order Book: Why You Are the Way You Are*, Revell, Grand Rapids, 2004.

do amor, tal qual explicado pelo dr. Gary Chapman.[4] As cinco maneiras básicas de expressar e interpretar o amor são as seguintes: palavras de afirmação (aplausos genuínos, elogios específicos), presentes (qualquer tipo de generosidade — não somente de cunho materialista), tempo de qualidade (passar tempo relevante juntos), toque físico e proximidade (oferecer carinho por meio de abraços, beijos, contato íntimo, massagens nas costas etc.) e atos de serviço (perceber e atender às necessidades do outro sem fazer alarde).

No início do namoro, tendemos a expressar o amor em todas as linguagens; no entanto, com o tempo, muitas vezes voltamos à linguagem do amor que para nós é mais natural. Quando negligenciamos a principal linguagem do amor de nosso cônjuge, ele pode achar que nosso amor diminuiu. Pequenos ajustes em nossas expressões amorosas podem reabrir a comunicação e nos ajudar a expressar amor de forma mais eficaz. "Mas, acima de tudo, revesti-vos da caridade, que é o vínculo da perfeição" (Cl 3, 14).

Eu tinha acabado de ler *As cinco linguagens do amor* quando uma estudante universitária me ligou. Ela e seu noivo haviam cancelado o casamento, marcado para dali a seis semanas. Eles sabiam que se amavam, mas não *sentiam* mais amor um pelo outro.

Nós nos encontramos, e expliquei as linguagens do amor para a jovem. Perguntei-lhe se sua linguagem de amor poderia ser "tempo de qualidade". Ela disse que sim,

---

4 Gary Chapman, *As cinco linguagens do amo*, Editora Mundo Cristão, São Paulo, 2013.

e tinha certeza de que a de seu ex-noivo eram "palavras de afirmação". Em seguida, fiz-lhe algumas perguntas críticas: seria possível que, ao longo do noivado, eles tivessem negligenciado o uso da principal linguagem do amor um do outro? Porventura ele não estivera muito ocupado trabalhando e concluindo sua formação, a fim de que fossem capazes de se casar e ele pudesse passar tempo de qualidade com ela? E quando finalmente passavam algum tempo juntos, ela o criticava em vez de elogiá-lo? Ela me olhou espantada. Sim, era possível.

Uma semana depois, na igreja, a jovem me deu um tapinha no ombro e me mostrou seu anel de noivado! Ela comprara o livro do dr. Chapman, lera-o num dia e depois o passara para o ex-noivo. Aquilo fez todo o sentido para ambos: eles *tinham parado* de falar a principal linguagem do amor um do outro. Quando tomaram providências para mudar isso, o casamento foi remarcado. Dois anos depois, ainda estão radiantes, gratos pelo vislumbre que os tinha ajudado a restaurar seu relacionamento.

Precisamos ser multilíngues no amor, usando de carinho, palavras gentis, presentes, atos de serviço e tempo bem aproveitado na companhia de nosso companheiro. Não basta sentir um amor incondicional pelo cônjuge: temos de aprender a comunicá-lo para que nosso cônjuge sinta esse amor.

Nunca mentir

Nunca, nunca, nunca minta! "Os lábios mentirosos são abominação para o Senhor, mas os que procedem com fidelidade agradam-lhe" (Pr 12, 22). O casamento se alicerça na confiança; uma única mentira abre uma enorme rachadura em seus fundamentos. Seu cônjuge espera que você sempre diga a verdade. Seja fiel à sua palavra e espere o mesmo do seu amado.

Mulher solteira: se você descobrir que o rapaz com quem está namorando mente, talvez seja melhor se afastar. É possível que você reconstrua esse alicerce, mas também é possível que não.

Recentemente, uma mulher me ligou e disse: "Estou noiva e me casarei em três semanas. Acabei de descobrir hoje que meu futuro marido já foi casado antes. Ele achou que, por ter conseguido a anulação, não precisava mencioná-lo. O que devo fazer?"

Encorajei a mulher a dizer imediatamente ao noivo que o casamento não aconteceria em três semanas. Ele havia quebrado a base da confiança naquele relacionamento, e ambos precisavam de tempo para ver se essa confiança poderia ser restaurada.

Se você já é casado quando descobre que seu cônjuge mentiu para você, os dois precisam se comprometer a reconstruir a confiança entre si. Trata-se de uma tarefa árdua, que levará tempo. Mesmo com o perdão, vocês precisarão encontrar uma maneira de viver com as consequências. Pela graça de Deus, a confiança pode ser restaurada.

Ser discretos

Aqueles que são íntimos, sem dúvida, compartilham coisas pessoais entre si. O que fazemos com as confidências que partilham conosco? É essencial que mantenhamos a discrição e a prudência quando nos abrimos.

À medida que crescemos numa amizade e somos vistos como pessoas fiéis e capazes de guardar confidências, essa mesma amizade cresce.

É desta mesma forma que honramos as confidências, pessoais e profissionais, de nossos cônjuges. Isso inclui não compartilhar nossas divergências. "Aquele que dissimula faltas promove amizade; quem as divulga, divide amigos" (Pr 17, 9). Mesmo compartilhar dificuldades sob o disfarce de preocupações pode ser fofoca. "O perverso trai os segredos, enquanto um coração leal os mantém ocultos" (Pr 11, 13).

Precisamos guardar nossas bocas. São Paulo lista a fofoca entre os pecados muito graves (cf. Rm 1, 28-32). Baseada ou não na verdade, a fofoca é perigosa. Por quê? Porque prejudica as pessoas, prejudica a unidade e impede que o amor cubra as ofensas.

Não se abra para confidências que excluam seu cônjuge, seja com seus amigos ou com seus filhos. Quando alguém me pede para esconder algo de Scott, respondo que devo poder contar a ele. Isso não significa que eu vá contar tudo a ele — mal temos tempo para falar sobre todas as coisas de que precisamos, quanto mais para compartilhar situações de outras pessoas. Mas nossa unidade é importante demais para permitir que a confidencialidade de alguém nos separe.

As crianças às vezes assumem a mentalidade do "dividir para conquistar". Elas fazem algo errado e depois me imploram para não contar para o papai. Minha resposta é sempre: "Meu amor, se você acha que não devo contar ao papai, eu devo contar ao papai. Papai precisa saber, para que vocês tenham um bom relacionamento." Não posso permitir que uma criança se torne uma barreira entre nós ou me coloque entre ela e seu pai.

Algumas mulheres sentem-se tentadas a reclamar de seus maridos para suas filhas e filhos mais velhos. Os adultos podem não perceber que estão quebrando a confiança de seu cônjuge ao estabelecer, com os filhos, uma confiança mais profunda. Em vez disso, precisamos fortalecer o relacionamento de nossos filhos com nosso cônjuge, construindo pontes em vez de muros.

Diga as palavras de perdão

Quão verdadeiramente você perdoa?

Tenho uma tendência ao estilo advocatício: abro um processo, enumero as infrações e os danos e justifico meus maus comportamentos enquanto acuso outra pessoa. Após o primeiro desentendimento mais sério que Scott e eu tivemos durante o noivado, nos encontramos no saguão do dormitório. Conduzi a conversa.

— Scott, eu estava pensando sobre algumas coisas que estão me incomodando. Então escrevi esta pequena lista. Número um... — comecei, lendo cada reclamação. Queria pôr tudo em pratos limpos.

A resposta de Scott foi breve:

— Número um: nunca mais quero ser recebido por uma lista.

E eu entendi. A solução de conflitos não começa com a abertura de um processo contra a outra pessoa.

Uma das dificuldades no casamento consiste em saber *quando* e *como* compartilhar suas preocupações. Alguma coisa pequena dá errado e você pensa: *Isso não é grande coisa; não há necessidade de tocar no assunto.* Então o mesmo acontece no dia seguinte e no outro. Você percebeu um padrão. Qual é a sua estratégia? Algumas pessoas reprimem suas queixas e permitem que elas se tornem fontes profundas de irritação. Imagine alguém matando seu cônjuge por passar dos limites ao apertar o meio do tubo da pasta de dente ou por deixar cabelo na pia! Depois de trinta anos, Maria já não aguenta mais, e Francisco sabe disso! É verdade que a reação raramente é tão drástica. No entanto, conflitos não resolvidos podem fazer com que a raiva, o ressentimento e a depressão governem o lar, e não o amor.

É importante encontrar o equilíbrio entre "consagrar" os desafios e falar sinceramente sobre as dificuldades para que relacionamento possa florescer. As questões não são todas iguais. Devemos distinguir entre falhas, fraquezas, irritações e pecados.

Scott e eu tentamos lidar com as preocupações e perdoar um ao outro rapidamente. Chamamos isso de "manter o saldo baixo": trata-se de lidar com as situações quando ainda são pequenas, para que não cresçam. "Antes de tudo, mantende entre vós uma ardente caridade, porque a caridade cobre a multidão dos pecados" (1 Pe 4, 8, citando Pr 10, 12).

Lembrar a seu cônjuge o perdão que você concedeu pode se tornar outra forma crítica. Se queremos sofrer, basta nos concentrar no quão imperfeita outra pessoa é. O amor escolhe um caminho melhor: "O amor tudo desculpa, tudo crê, tudo espera, tudo suporta" (1 Cor 15, 17).

Contentação x contestação

A todo momento enfrentamos uma escolha: contentar-se ou contestar? Aceitaremos o que não podemos mudar, ou partiremos para os resmungos e queixas? Tanto Provérbios 19, 13 quanto Provérbios 27, 15 falam da esposa resmungona como uma "goteira inesgotável". Provérbios 21, 19 nos diz: "É melhor viver numa terra deserta do que com uma mulher briguenta e impaciente." Provérbios 21, 9 e Provérbios 25, 24 recordam: "Melhor é habitar num canto do terraço do que com uma mulher impertinente e intrigante." Certa feita, em meio ao desprazer de um conflito, Scott citou esse versículo, meio de brincadeira e meio a sério, enquanto se dirigia para seu escritório no sótão.

Os homens também lutam contra a contenda dentro de si mesmos. "Carvão sobre a brasa, lenha sobre o fogo: tal é um intrigante para atiçar uma disputa" (Pr 26, 21). São Paulo exorta a uma atitude diferente: "[...] grande fonte de lucro é a piedade, quando acompanhada de contentamento; porque nada trouxemos ao mundo, e nada poderemos levar do mundo" (1 Tm 6, 6-7). Nossas reações devem ser de contentamento, e não de contenda.

Nossas ações

Praticar a fé a partir de um coração sincero

Aproveite ao máximo as graças sacramentais disponíveis, incluindo a comunhão Eucarística frequente e as Confissões regulares. Mantenha os canais da graça desobstruídos, livres de detritos. Não espere um pecado mortal antes de se confessar: o caminho para o pecado mortal é trilhado pelo hábito no pecado venial. É melhor ser exagerado que negligente.

A fidelidade a Cristo inclui a fidelidade à sua noiva, a Igreja. Honramos nosso cônjuge e a Cristo quando levamos a sério o ensinamento da Igreja sobre o casamento. Precisamos assimilar o ensinamento da Igreja para que possamos vivê-lo fielmente como família.

Modéstia nas vestes

Para quem você está se vestindo: seu marido ou outra pessoa? Roupas modestas são mais atraentes do que sedutoras. Roupas que chamam a atenção para o seu rosto, em vez de outras partes do corpo, honram seu cônjuge, e ele é o único que você deveria querer agradar.

> A graça duma mulher cuidadosa deleita o seu marido, e o seu bom proceder infunde-lhe vigor até aos ossos.
> É um dom de Deus uma mulher sensata, amiga do silêncio; nada é comparável a uma mulher bem educada.
> Graça sobre graça é a mulher santa e cheia de pudor.
> Todo o preço é nada em comparação duma alma casta (Eclo 26, 13-15).

Minha mãe se preparava para receber meu pai quando ele voltava do trabalho. Cerca de quinze minutos antes de ele chegar, ela se maquiava e perfumava, trocava de roupa se estivesse suja e escovava os dentes. Estava pronta para saudá-lo.

Sei que isso é difícil quando você está preparando o jantar e cuidando dos pequenos. No entanto, acolher seu marido em casa dá o tom do jantar e da noite.

Sugestão do meu pai: homens, no caminho de volta para casa, pensem num lugar onde vocês deixarão de lado as preocupações e se concentrarão na alegria que os espera.

Em outro momento você poderá compartilhar o que foi difícil em seu dia; agora prepare-se para ser recebido em casa e saudar sua família. Reserve um tempo para apreciar os esforços que sua cônjuge fez para se preparar para você. Uma chegada amorosa deve ser premeditada.

Afeição

Não veja o ato conjugal como algo desimportante. Encontre o equilíbrio entre ter uma relação sexual *fast-food* e garantir um tempo livre para desfrutar da intimidade.

Nunca se afaste de seu cônjuge para manipulá-lo ou puni-lo. Se você precisa que uma discussão seja esclarecida antes da intimidade, seja sincera quanto a isso, mas nunca recuse relações como forma de continuar a discussão. Na verdade, às vezes a solução de uma discussão é facilitada pela intimidade, especialmente se a fonte da tensão for a frustração sexual.

São Paulo oferece este aviso:

> O marido cumpra o seu dever para com a sua esposa e da mesma forma também a esposa o cumpra para com o marido. A mulher não pode dispor de seu corpo: ele pertence ao seu marido. E da mesma forma o marido não pode dispor do seu corpo: ele pertence à sua esposa. Não vos recuseis um ao outro, a não ser de comum acordo, por algum tempo,

para vos aplicardes à oração; e depois retornai novamente um para o outro, para que não vos tente Satanás por vossa incontinência (1 Cor 7 3, 5).

A intimidade desempenha um papel importante no casamento, mesmo quando o casal se abstém por motivo de oração.

Não dê ao seu cônjuge motivo para suspeita

Como mencionei antes, as amizades com o sexo oposto só devem ser vividas com seu cônjuge e por meio dele. Se você tem um amigo próximo do sexo oposto desde antes do casamento, há duas opções que podem fortalecer seu casamento: procurar maneiras pelas quais você e seu cônjuge possam compartilhar essa amizade como casal, ou se afastar desse amigo íntimo. É preciso maturidade para reconhecer que mesmo um amigo querido pode se tornar uma pedra de tropeço.

Evite a aparência do mal. "Nunca te sentes ao lado de uma estrangeira, não te ponhas à mesa com ela; não a provoques a beber vinho, para não acontecer que teu coração por ela se apaixone, e que pelo preço de teu sangue caias na perdição" (Eclo 12, 13). Em outras palavras, evite ter intimidade longe de seu cônjuge.

Se você receber elogios que satisfazem uma necessidade que seu cônjuge tem negligenciado, trabalhe suas habilidades de comunicação e diga ao seu cônjuge o que mais você precisa dele. Permita que o Senhor use essa ocasião para melhorar seu casamento, em vez de permitir que as atenções dos outros dividam vocês.

Isso se aplica de maneira semelhante às afeições espirituais. Não justifique um relacionamento ilícito com a premissa de que vocês são "almas gêmeas". É seu cônjuge quem deve ser sua alma gêmea. Isso é difícil se seu cônjuge não compartilha de sua fé. Se for esse o caso, reze e sacrifique-se pela sua conversão.

Manter o leito matrimonial imaculado

Não dê nenhuma abertura a Satanás. Não seja ingênua. Após uma palestra na Califórnia, uma esposa me pediu um conselho. Seu marido havia comprado alguns filmes pornográficos sob o pretexto de que aquilo os ajudaria a melhorar sua vida sexual. Ela queria saber o que eu pensava sobre isso.

Eu disse a ela: "Não há nada nesses filmes que você precise ver para ajudá-la a expressar o amor conjugal. Ele está ficando excitado por outra mulher e, então, usando você para resolver essa excitação. Isso é quase adultério. Você deve dizer a ele que nunca mais assistirá a outro filme pornográfico com ele e que ele deve parar de adquiri-los imediatamente. Quaisquer vídeos que vocês tenham atualmente devem ser destruídos, para que nenhuma criança possa encontrá-los na lixeira."

Dentro dos casamentos, este material é destrutivo, nunca instrutivo! Trata-se de uma afronta à sua dignidade como mulher e uma profanação do seu leito conjugal. "Vós todos considerai o matrimônio com respeito e conservai o leito conjugal imaculado, porque Deus julgará os impuros e os adúlteros" (Hb 13, 4).

Agir com integridade

A mulher de fé age em harmonia com os interesses do marido. No que diz respeito às finanças, isso inclui estabelecer e seguir um orçamento. O que é essencial, como comida, roupas e moradia? O que é desejável, como sair à noite, férias e presentes? Nossas experiências, enquanto crescíamos, podem ser muito diferentes. Algumas de nós tiveram pais esbanjadores, que viviam de cheques sem fundos e com má pontuação de crédito, comprando itens por capricho, contanto que todo mês conseguissem fazer o pagamento mínimo nas faturas. Outras tiveram pais que montavam orçamentos, viviam dentro das próprias possibilidades e planejavam a aposentadoria. Precisamos falar sobre essas variáveis e sua influência em nossa compreensão atual das finanças.

A mulher de fé é frugal com dinheiro e posses; essa é uma das maneiras pelas quais as finanças prosperam em suas mãos. Segue o princípio do servo bom e fiel: se alguém for fiel no pouco, muito lhe será dado (cf. Mt 25, 14-30).

Agir com integridade em relação às finanças da família é uma forma concreta de expressar e demonstrar confiança mútua. Muitas decisões que um casal toma no início do casamento fornecem a base financeira para uma paz maior e menos conflitos nos anos seguintes.

Também queremos que a integridade caracterize nossos deveres domésticos. Quando fazemos com constância as coisas que precisamos fazer, nossa família sabe que pode contar conosco. Nossas mães treinaram algumas de nós para isso; outras carecem de experiência nesta área. Por meio de mentoras — mulheres mais velhas ou mais talentosas que possam nos instruir — e por meio de material escrito, podemos crescer em habilidades. Além disso, devemos querer realizar até mesmo a menor das tarefas com grande amor.

Lide com as tentações

As tentações são a porta de entrada para o pecado, mas não são pecaminosas por si sós. São Paulo nos assegura: "Não vos sobreveio tentação alguma que ultrapassasse as forças humanas. Deus é fiel: não permitirá que sejais tentados além das vossas forças, mas, com a tentação, ele vos dará os meios de suportá-la e sairdes dela" (1 Cor 10, 13).

Somos vulneráveis às tentações, mas não precisamos ceder a elas. Podemos recorrer a Jesus como sumo sacerdote compassivo, que foi tentado de todas as maneiras, mas não pecou (cf. Hb 2, 14-18; 4, 15). Ele entende nossa situação; por isso, deu-nos seu Espírito — o Espírito Santo — para nos capacitar a viver como Ele viveu.

Para limitar o poder da tentação, precisamos ser honestas sobre as maneiras como cada uma de nós sente-se vulnerável ao adultério. Essas maneiras podem incluir necessidades não atendidas de companhia, de ajuda em casa ou com os filhos, de comunicação (falta de compaixão, exagero nas críticas, falta de elogios), ou ainda a necessidade de ter relações conjugais com mais frequência.

Você caiu na teia do adultério?

Pare! Este é o momento da graça. Nunca é tarde para o perdão e a restauração. Procure a Confissão, tanto pela absolvição quanto pela graça de resistir a tentações futuras. Aceite o perdão de Deus para você e se perdoe. Não dê ouvidos ao Acusador, que quer afastar você da plenitude da alegria com seu cônjuge.

Aja de forma decisiva para evitar as ocasiões próximas de pecado. Fuja do fogo da tentação. Corte qualquer relação que tenha crescido ao ponto de surgirem afetos. Afaste-se de situações que lhe aproximariam dessa outra pessoa; comprometa-se com o desligamento total. Saia do grupo de caronas, da equipe ou da turma. Se você trabalha com a pessoa, não faça, por exemplo, aquela viagem de negócios com ela e avise seu chefe de que você não pode viajar sozinho com alguém do sexo oposto. Procure um novo emprego, se precisar.

Elimine qualquer coisa que possa reacender uma chama em seu coração por alguém que não seja seu cônjuge: fotos, presentes, notas, e-mails e mensagens de texto. Não retorne telefonemas. Não dê à outra pessoa qualquer oportunidade, por mais inocente que seja, de minimizar o que você sabe, no fundo, ser um sentimento. Não se trata apenas da sobrevivência de seu casamento: sua própria alma está em jogo, assim como a alma da pessoa por quem você nutre afeto.

Ao cometer adultério, você pecou não apenas contra o Senhor, mas também contra seu cônjuge. Na hora certa, confesse ao seu cônjuge, mas não dê detalhes que tornem a decepção dele ainda mais dolorosa.

Não há soluções rápidas: a confiança quebrada precisa ser restaurada, e seu cônjuge pode precisar de tempo antes que o perdão substitua sua mágoa profunda. Cresça em responsabilidade. Pode ser útil ter um amigo confiável — um diretor espiritual, um padre ou um membro da família — para cobrar de você uma postura adequada.

Suprima velhos hábitos e desenvolva novos. Encha seu coração e sua cabeça com pensamentos de gratidão pelo seu cônjuge. Memorize trechos das Escrituras que falam de fidelidade.

Considere, ademais, fazer um retiro com seu cônjuge — desses para casais que têm problemas sérios em seus casamentos, como adultério e dependência em álcool ou drogas. O retiro e o acompanhamento de um grupo de apoio oferecem esperança de restauração.

Quando se trata de fidelidade no casamento, precisamos de sabedoria. Se agirmos de acordo com a sabedoria que o Senhor nos dá, fortaleceremos nossa família; do contrário, a enfraqueceremos. "A senhora Sabedoria edifica sua casa; a senhora Loucura destrói a sua com as próprias mãos" (Pr 14, 1). Com sabedoria, a mulher de fé promove a fidelidade, para que o coração do marido confie nela.

Perguntas para reflexão

1. Como o flerte antes do casamento pode contribuir para a formação de padrões prejudiciais de relacionamento no casamento? Como me relaciono com minhas amizades do sexo oposto? É preciso mudar algo?
2. Que atos inocentes podem levar ao pecado? Como isso se relaciona com a ideia de "ocasião próxima de pecado"? Há problema em ir almoçar com colegas de trabalho do sexo oposto? Sob quais condições?
3. De que maneiras a pornografia é destrutiva para um relacionamento? Por que é algo errado? O que mantém o leito conjugal imaculado?
4. Qual foi a percepção que obtive de Provérbios 7 a respeito da ameaça de adultério? Em vez de ficar ansiosa ou com ciúmes, como posso ajudar meu cônjuge ou futuro cônjuge na fidelidade conjugal?
5. Como podemos desenvolver uma vida de oração em casal? Conhecemos alguém que pode ser um bom exemplo nessa área?
6. Existe alguma ideia nova que eu queira implementar a partir das sugestões sobre como construir o alicerce da confiança por meio de meus pensamentos, palavras e ações?
7. As coisas a que assisto, leio e penso me ajudam a manter meu casamento sagrado e a guardar meu coração para meu cônjuge?
8. Nosso relacionamento é sobretudo de natureza sexual, ou é construído principalmente sobre a amizade? Se for de fundamento sexual, o que poderíamos

fazer para desenvolver outras áreas que talvez estejam deficientes?

9. No que diz respeito às habilidades de comunicação, de que modo sou diferente de meu cônjuge? Quais são as diferenças entre nós quanto ao temperamento, personalidade, posição entre os irmãos e linguagens do amor? Com quem posso me abrir sobre as dificuldades de comunicação que estou vivendo com meu marido ou pretendente, para que possamos obter ajuda sem prejudicar nosso relacionamento?

10. Já vi meus pais ou outro casal se honrarem de maneiras que, espero, venhamos a imitar?

PARTE QUATRO

JAMAIS LHE FALTARÁ COISA ALGUMA

PROVÉRBIOS 31, 11b

CAPÍTULO SETE

Complementaridade

"O coração de seu marido confia nela, e jamais lhe faltará coisa alguma" (Pr 31, 11). O alicerce da confiança entre homem e mulher é estabelecido por meio das muitas ocasiões de demonstrar integridade durante o namoro. O casal, então, passa a edificar a partir desse alicerce, por meio de sua aliança matrimonial.

Um relacionamento de aliança

Muitas pessoas enxergam o casamento como um contrato, mas a verdade é que se trata de muito mais: de uma aliança. Contratos envolvem uma permuta de bens e serviços. Alianças envolvem uma permuta de pessoas: "Eu serei sua e você será meu."

Contratos são selados com um compromisso pelas duas partes envolvidas. Alianças são seladas com uma promessa: duas pessoas invocam o nome de Deus para selar o voto que fizeram diante de testemunhas.

Contratos são limitados: não é necessário qualquer continuidade na relação, bastando que se cumpram os termos. Alianças são perpétuas, estendendo-se de geração em geração.

Contratos abarcam direitos: cada parte garante que seus direitos sejam respeitados. Alianças envolvem responsabilidades: cada pessoa se entrega como um dom total ao outro.

A aliança do casamento compreende um presente sacrificial de um para o outro. Como Cristo, somos chamados a morrer para nós mesmos. Cristo nada negou à sua noiva, a Igreja, e a Igreja nada negou a Cristo. Imitando-os, nada negamos um ao outro.

Jesus diz: "Se alguém me quer seguir, renuncie-se a si mesmo, tome a sua cruz e siga-me. Porque o que quiser salvar a sua vida irá perdê-la; mas o que perder a sua vida por amor de mim e do Evangelho irá salvá-la" (Mc 8, 34--35). Encontramos nossa vida ao oferecê-la em serviço. Uma relação contratual ou condicional é uma contradição com a cruz. Acordos pré-nupciais refletem uma mentalidade contratual. Mesmo antes de se casar, o casal concorda com os termos do divórcio. Quando o contrato é violado, certos bens ficam com seu proprietário original. Este arranjo é baseado na desconfiança; encoraja as duas pessoas a permanecerem um tanto independentes uma da outra.

Um pai disse à filha que partia para o primeiro ano da faculdade: "Quero que você tenha esse diploma para que, *quando* se divorciar, possa sustentar seus filhos." Infelizmente, esse pai plantou a semente da desconfiança no coração da filha antes que ela começasse a pensar seriamente no casamento. Os pais deveriam desempenhar um papel sério, ajudando seus filhos a compreender as limitações da independência. Felizmente, outras pessoas plantaram nesta jovem sementes de esperança num casamento sólido, em que uma saudável interdependência pede um amor fiel, frutífero e duradouro. Esta é a visão do casamento como aliança.

As finanças florescem

O resultado da confiança do marido e da confiabilidade da esposa é este: "jamais lhe faltará coisa alguma." Nossa cultura diz que, para o marido, nada faltará se sua esposa também receber um salário: renda dobrada, sem filhos. Seria este, porém, o sentido do texto?

Não, não se trata de ter uma segunda pessoa assalariada na família. Nada falta ao marido da mulher de Provérbios 31, em parte, porque seu trabalho honesto, sob a supervisão dela, rende mais. A mulher de fé ajuda a cuidar das necessidades da família, sendo ela mesma frugal. Ela não gasta dinheiro levianamente, nem é mesquinha. É generosa com os pobres e se envolve pessoalmente em obras de caridade (cf. Pr 31, 20).

Por meio de sua ajuda na administração das finanças da família, ela reforça a determinação do marido de ser fiel em seu trabalho, de nunca roubar e de não sonegar impostos. Ele não se sente tentado a obter lucros injustos, porque ele e sua esposa estão satisfeitos com sua situação financeira.

Muitas vezes as pessoas não entendem o custo real das coisas, aquilo que os economistas chamam de *custos de oportunidade*. Para as finanças da família, gastar menos pode causar um impacto melhor do que o de ganhar mais, com os respectivos custos e impostos adicionais.

Enquanto caminhava com nosso primogênito, Michael, encontrei uma vizinha que também tinha um novo bebê. Nossa conversa foi assim:

— Sra. Hahn, você fica em casa com seu bebê em tempo integral?

— Sim — respondi.

— Ah — disse ela —, assim é melhor. Eu tive de mandar uma passagem para o Japão, para minha mãe vir para cá. Tive de levá-la para aulas de inglês e oficinas de artesanato, a fim de que ela não ficasse entediada. E temos que pagar pela comida dela.

Então ela perguntou:

— Você amamenta?

— Sim — respondi.

— Ah, melhor assim. Nós temos de comprar fórmula em lata. Então precisamos esterilizar as mamadeiras e colocá-las na geladeira.

Então ela acrescentou:

— Você usa fraldas de pano?

Neste momento comecei a me sentir um pouco envergonhada.

— Sim — respondi.

— Ah, melhor assim. A gente tem de comprar as caixas grandes de Pampers; ai, é tão caro... Ainda bem que eu trabalho; caso contrário, não teria como pagar tudo isso.

Eu não sabia se ria ou chorava. Essa recém-mãe passava longas horas fora, fazendo um trajeto de duas horas todos os dias até Washington, DC, para um trabalho extenuante. Ela não pretendia ter outro filho. Será que não percebia que era melhor ficar em casa com aquele que seria seu único filho?

Com frequência, muitas despesas não são levadas em conta na situação da mãe que trabalha fora: roupas novas,

Complementaridade

creche ou babá depois da escola, *fast-food* e gastos com alimentação nas horas de expediente, ajuda extra com tarefas domésticas, custos de transporte, e até mesmo os impostos que acompanham uma faixa de renda mais alta. Uma mãe que fica em casa em tempo integral pode poupar dinheiro da família, sem mencionar o fator da tranquilidade oriunda de saber que as crianças estão sendo bem cuidadas — não é necessário instalar uma babá eletrônica.

Existem outras decisões financeiras a serem tomadas antes do casamento que podem, depois, trazer paz. Se você é solteira, tirar um semestre para trabalhar a fim de evitar uma dívida maior com a faculdade pode ser melhor para um futuro casamento do que se formar um semestre antes. É importante lembrar que "o rico domina os pobres: o que toma emprestado torna-se escravo daquele que lhe emprestou" (Pr 22, 7). Dívida é escravidão, então faça tudo o que puder para evitá-la e pagá-la o mais rápido possível.

Se vocês são casados e ainda não têm filhos, estabeleçam um orçamento com base no salário do marido e economizem o da esposa, ou apliquem-no na redução de dívidas, se as tiverem; isso facilitará a transição financeira após a chegada dos filhos. A dívida "hipoteca" o futuro e pode dificultar muito a abertura à vida.

Você sabia que uma pessoa não pode entrar na vida religiosa caso tenha dívidas? A dívida dessa pessoa seria um fardo para a diocese ou para a comunidade. Por que isso não valeria também para a vocação do casamento?

Pode parecer preferível ter uma casa antes de ter um bebê, mas os pequenos podem viver muito bem num imóvel alugado. E, quando você for comprar uma casa, evite qualquer uma que sobrecarregue tanto o orçamento a ponto de vocês não poderem estar abertos à vida. Vocês não precisam se mudar para o tipo de casa que seus pais possuem atualmente, assim como também não precisam de móveis novos ou de um carro novo para obter *status*. Boas decisões financeiras serão uma grande bênção para seu casamento.

Generosidade

O profeta Malaquias admoesta Israel a levar o Senhor a sério no que diz respeito ao dízimo:

> Pode o homem roubar o seu Deus? Mas vós me têm roubado. E ainda perguntais: "Em que vos temos roubado?" No pagamento dos dízimos e nas ofertas. Fostes atingidos pela maldição, e vós, nação inteira, procurais enganar-me. Pagai integralmente os dízimos ao tesouro do templo, para que haja alimento em minha casa. Fazei a experiência – diz o Senhor dos exércitos – e vereis se não vos abro os reservatórios do céu e se não derramo a minha bênção sobre vós muito além do necessário (Ml 3, 8-10).

A bênção que Deus promete não é a proposta pelos evangelista da TV, que exortam as pessoas a doarem para que sejam saudáveis e ricas. Trata-se, antes, da bênção da obediência.

Complementaridade

Há duas maneiras de enxergar a questão. Ou *temos* de dar a Deus e fazer nosso orçamento funcionar com menos; ou Deus é dono de 100% e nos *permite* ficar com o que precisamos para as necessidades de nossa família. Uma perspectiva nos faz sentir como se Deus fosse avarento; a outra destaca a generosidade divina. Ele permite que usemos nossos recursos para edificar o Reino ao mesmo tempo em que cuidamos de nossa família.

Scott e eu sempre honramos o princípio do dízimo, mesmo quando ele ainda estava na pós-graduação. No começo, eu olhava para os cheques que estava preenchendo e quase engasgava. "Senhor, como posso ofertar cinquenta dólares? Precisamos desse dinheiro!" Mas também acreditava que devíamos ser obedientes, e por isso preenchia os cheques.

Então percebi que nunca seríamos pobres demais para dar a Deus; uma porcentagem de algo pequeno *ainda é* alguma coisa. Lembra da oferta sacrificial de duas moedas por parte da viúva? Não era a quantia, mas o sacrifício, o que agradou ao Nosso Senhor. Embora Scott e eu fôssemos pobres, o Senhor sempre providenciava o que precisássemos. Aprendemos, repetidas vezes, que não poderíamos dar mais do que Deus, pois Ele não será superado em generosidade.

Não dê desculpas: "Serei dizimista quando concluir os estudos, ou depois de pagar meus cartões de crédito, ou assim que der entrada numa casa..." Como dizemos a nossos filhos, postergar a obediência é desobediência. Crie o hábito de dar o dízimo agora. Nunca será mais fácil do que agora, e sempre haverá desculpas para esperar.

Treinamos nossos filhos para que, ao ganharem um dólar, deem dez centavos para o Senhor. Para que, ao ganharem dez, deem um dólar para Ele. Recentemente, meu filho percebeu aonde isso o estava levando.

— Quando eu ganhar mil dólares, vou ter de dar cem?

— Isso mesmo, querido — sorri. — Você *poderá* dar cem.

Nunca fica mais fácil, mas o hábito o torna possível e nos prepara para darmos com alegria.

> Convém lembrar: aquele que semeia pouco, pouco ceifará. Aquele que semeia em profusão, em profusão ceifará. Dê cada um conforme o impulso do seu coração, sem tristeza nem constrangimento. Deus ama o que dá com alegria. Poderoso é Deus para cumular-vos com toda a espécie de benefícios, para que, tendo sempre e em todas as coisas o necessário, vos sobre ainda muito para toda espécie de boas obras (2 Cor 9, 6-8).

Numerosos provérbios se referem à generosidade com os recursos: se formos fiéis no pouco, Deus nos dará mais recursos para administrar. Além do dízimo (sim, tem mais), Jesus se refere à esmola, presumindo que daremos além do dízimo. Ele diz: "*Quando* deres esmola, que tua mão esquerda não saiba o que fez a direita. Assim, a tua esmola se fará em segredo; e teu Pai, que vê o escondido, irá recompensar-te" (Mt 6, 3-4). O dízimo é por onde o cristão começa a dar, e nossa esperança está em que possamos ser generosos financeiramente além da porcentagem estabelecida.

Estudos situam a média de dízimo dos católicos americanos entre 0,5% e 1,5%! Imagine como seria nosso país, o que poderíamos fazer enquanto Igreja, se os católicos dessem o dízimo? Fomos chamados para a oferta sacrificial, tanto para expressar nossa gratidão por quão abençoados somos, quanto para cuidar dos pobres em nome de Jesus.

Estratégia para as finanças

Juntos, marido e mulher tomam decisões financeiras sábias. Ele traz o pão para casa; o pagamento não é *dele*, mas *da família*. Ela o multiplica por meio de uma boa administração. Juntos, marido e mulher montam um orçamento e se mantêm fiéis a ele; de preferência, essa é uma habilidade a ser desempenhada por ambos. Há nisso uma sensação de trabalho em equipe, em vez da frustração do afastamento entre os dois.

As dificuldades financeiras são uma das principais causas de estresse conjugal. Na verdade, problemas de dinheiro são a razão mais frequente de divórcio. Trata-se, portanto, de uma área importante, na qual o casal deve aproveitar qualquer ajuda prática que possa obter dos pais, dos mais velhos e do que há disponível sobre administração financeira. As reflexões piedosas e respeitosas de um casal os ajudam a desenvolver uma estratégia para seus objetivos de curto e longo prazo. Esse processo fortalece o relacionamento e contribui para a tranquilidade do lar.

Uma estratégia simples é reservar 10% do valor bruto para o dízimo e 10% do líquido para economizar, orçando o restante de acordo com as necessidades.

Algumas pessoas usam o sistema de caixinhas: separam o dinheiro em envelopes ou caixinhas designados para comida, roupas, entretenimento e assim por diante — e, quando o dinheiro para determinada categoria naquele mês acaba, acabou.

Quando você monta um orçamento pela primeira vez, pode não saber quanto dinheiro é necessário para itens específicos, como comida e gás. Pode ser preciso revisar o orçamento mensalmente até ajustá-lo.

Serviço complementar

Isso nos leva de volta à questão da confiança. A esposa acredita que seu marido está servindo à família, e não a seus próprios interesses, por meio de seu trabalho, enquanto ela está em casa. O marido acredita que sua esposa está servindo à família por meio de seu trabalho doméstico, em vez de ressentir-se dela por se divertir com os filhos ou por não "assumir sua parte" das finanças. Quando a confiança é a base do relacionamento, o serviço do marido fortalece o da mulher e vice-versa, e o casal encontra alegria na complementaridade de seu serviço à família.

Quando as pessoas me perguntam: "Você trabalha?", fico numa sinuca de bico. Detesto dizer que não: trabalho sete dias por semana, 24 horas por dia. Um bilhete na minha geladeira diz: "Eu trabalho? Claro que trabalho! Eu sou mãe!" Nesse cargo não há salário, mas os benefícios são maravilhosos! As férias são geralmente no local de trabalho mesmo.

Complementaridade

Quando um dos alunos de Scott perguntou se eu trabalhava, ele respondeu:

— Sim, ela fica em casa em tempo integral.

O aluno, pensando que Scott não havia entendido a pergunta, perguntou:

— Não, quero dizer: ela trabalha?

Entendendo exatamente o que o aluno lhe perguntava, Scott respondeu:

— Sim, ela fica em casa em tempo integral.

Ligeiramente frustrado, o calouro fez a pergunta mais uma vez.

— Sua esposa tem emprego?

A isso, Scott respondeu:

— Você quer saber se ela é mãe em meio-período? Não, ela fica em casa em tempo integral.

Claro, uma das dificuldades de ser uma mãe que trabalha fora de casa é que você ainda é mãe em tempo integral. Por isso, mesmo quando não está com seus filhos, você se preocupa com o bem-estar deles. Você carrega o peso da maternidade em seu trabalho, e é difícil suportar isso.

Ambos os cônjuges servem ao Senhor e à família. Não ignoramos nossos interesses ou necessidades pessoais, mas colocamos os interesses dos outros antes dos nossos.

> Se me é possível, pois, alguma consolação em Cristo, algum caridoso estímulo, alguma comunhão no Espírito, alguma ternura e compaixão, completai a minha alegria, permanecendo unidos. Tende um mesmo amor, uma só alma e os mesmos pensamentos. Nada façais por espírito

de partido ou vanglória, mas que a humildade vos ensine a considerar os outros superiores a vós mesmos. Cada qual tenha em vista não os seus próprios interesses, e sim os dos outros (Fl 2, 1-4).

A família floresce

Deus — o Pai, o Filho e o Espírito Santo — é uma comunhão de amor interpessoal e vivificante. Ele cria o homem e a mulher à sua imagem para refletir esse amor abnegado e os coloca num relacionamento conjugal.

Então Deus disse: "Façamos o homem à nossa imagem e semelhança. Que ele reine sobre os peixes do mar, sobre as aves do céu, sobre os animais domésticos e sobre toda a terra, e sobre todos os répteis que se arrastam sobre a terra." Deus criou o homem à sua imagem; criou-o à imagem de Deus, criou o homem e a mulher. Deus os abençoou: "Frutificai – disse ele – e multiplicai-vos, enchei a terra e submetei-a. Dominai sobre os peixes do mar, sobre as aves do céu e sobre todos os animais que se arrastam sobre a terra" (Gn 1, 26-28).

A primeira ordem de Deus para o homem e a mulher é também uma bênção. Eles devem frutificar, gerar filhos, como amantes que dão vida. Seus filhos personificam a união entre marido e mulher. Eles revelam o poder vivificante do amor.

Há, no entanto, casais que optam por não ter filhos. Eles promovem a ideia de uma atenção exclusiva um ao outro, sem o estorvo dos pequeninos.Numa certa tirinha, um personagem pergunta: "Você não tem medo de acabar sem um bebê, Cathy?" Depois de alguns comentários, Cathy conclui, num tom comovente: "Estou dividida entre querer *ter* um e querer *ser* um." Infelizmente, isso resume o conflito interno de vários jovens adultos.

Em lugar de ver as crianças em termos negativos — como gente que consome recursos, ocupa espaço em nossas casas e abusa do nosso tempo —, precisamos vê-las como Deus as vê. "Os filhos são, sem dúvida, o maior dom do matrimônio e contribuem muito para o bem dos próprios pais."[1]

A abertura à geração de vida é parte integrante do nosso testemunho ao mundo a respeito de como nosso relacionamento reflete o relacionamento entre Cristo e a Igreja. Por sua finalidade, o matrimônio "manifestará a todos a presença viva do Salvador no mundo e a autêntica natureza da Igreja, quer por meio do amor dos esposos, quer pela sua generosa fecundidade, unidade e fidelidade, quer pela amável cooperação de todos os seus membros"[2]. A generosidade no seio da família, exemplificada pela fecundidade, aprofunda o amor de cada membro da família pelos demais e reforça o testemunho do casal no mundo.

Até o corpo da mulher revela sua posição ímpar na vida dos filhos. Seu corpo nutre a vida que abriga e depois alimenta essa vida com seu leite. Seus quadris curvos a possibilitam segurar o bebê enquanto realiza outras tarefas, e a gordura extra em seus braços a ajuda naturalmente a embalar o bebê. Deus projetou o corpo feminino assim.

---

1 *Gaudium et spes,* 50.
2 *Ibidem,* 48.

No entanto, que mensagens massacram as jovens hoje sobre seus corpos e sua capacidade de nutrir uma vida? Modelos ultramagras desfilam nas passarelas. Anúncios de anticoncepcionais na televisão apresentam belos casais dançando, passeando e rindo, enquanto um narrador lista os possíveis efeitos colaterais: ataque cardíaco, derrame e trombose — só para citar alguns! Anúncios recentes encorajam as jovens a lidar com a própria fertilidade limitando-a, ou mesmo eliminando-a. Os treinadores esportivos encorajam as mulheres a se exercitarem de tal forma que seu ciclo menstrual seja interrompido, o que é conveniente para que elas participem de competições.

Em relação à carreira e à educação, as jovens recebem mensagens ainda mais sutis. A uma moça que queira ser advogada ou médica, diz-se: "Isso é impressionante." Se ela quiser entrar na política ou mesmo concorrer a um cargo importante, a resposta pode ser: "Você é ambiciosa; muito bem!" No entanto, se disser que quer ser esposa e mãe, o que em geral ouvirá? "Não seria um desperdício de sua educação, suas oportunidades, seus talentos e seu cérebro?" Que programas de televisão ou filmes, em tempos modernos, retratam mulheres inteligentes, atraentes e talentosas como donas de casa, com o coração e os braços abertos para acolher uma grande família?

Eu não esperava um preconceito assim de amigas minhas. Levei Michael, meu primogênito de dez meses, para o jogo de abertura no Grove City College, onde eu havia estudado. Uma ex-colega nos viu e perguntou, com toda a seriedade:

— Você está matriculada em alguma aula? Como tem usado seu cérebro?

Como eu andara usando meu cérebro? Não acreditei no que tinha ouvido. Que perspectiva limitada!

Fiz uma pausa para me recompor.

— Para ser sincera, nada exigiu mais de mim, seja física, emocional, mental, intelectual ou espiritualmente, do que ter este menino e querer dividir toda a vida com ele.

O ministério da Presença

Nossa cultura promove a ideia de que o poder se encontra fora de casa, no local de trabalho: se você quer poder, precisa de um cargo e de um salário. Quanto mais poder uma mulher deseja, mais precisa fazer parte da força de trabalho. Uma mulher em casa abre mão do poder. Ela precisa ser libertada desse trabalho enfadonho que "qualquer pessoa pode fazer" para "ser independente".

Deus chama a mulher de fé a ser mais do que uma supermãe que se vira com os filhos, as tarefas domésticas e o emprego; Ele a chama para ser uma mulher que domina. Ela governa seu lar como rainha, vice-regente da casa. Esta é uma posição nobre. Ela não precisa de poder; ela tem autoridade. Isso me lembra uma conversa que certa amiga escutou.

Um casal de crianças brincava de "navio". O menino declarou:

— Eu vou ser o capitão!

A menina retrucou:

— Não, eu que vou ser a capitã!

Os dois discutiram longamente. Então, após uma pausa dramática, a garota disse:

— Tá bom, você pode ser o capitão. Eu vou ser a mãe do capitão!

O sorriso triunfante do menino desapareceu.

— Não vai nada! — protestou ele. Por quê? Ele sabia o que nós sabemos: a mão que balança o berço governa o mundo. O capitão tinha poder, mas sua mãe tinha autoridade sobre ele.

A pergunta, para nós, não é: "como obter poder?", mas: "Como posso servir?" Deus chama marido e mulher a servi-lO pelo bem da família, mas o serviço de cada um tem um aspecto diferente. Como disse o Papa São João Paulo II: "Servir... quer dizer reinar"[3].

Sustentar a família é responsabilidade do marido, como mencionei no capítulo três (cf. 1 Tm 5, 8). O local de trabalho é sua principal esfera de serviço à família. Para aquelas entre nós chamadas à vocação de esposa e mãe, a principal esfera de serviço é o lar. No dar e receber do serviço interno e externo, encontramos a complementaridade dos sexos.

A contribuição de uma esposa é real, mesmo que nem sempre seja tão tangível quanto o contracheque de um homem. Ela contribui com muito mais do que um salário: oferece uma presença estável, um chão e um ambiente para todos os membros da família. As crianças não preci-

---

3   *Mulieris dignitatem*, 5, citando *Lumen gentium*, 36.

sam de cuidadoras, creches superespeciais ou programas extracurriculares: elas precisam da mamãe.

Certa mãe que decidira largar o trabalho e voltar para casa em tempo integral descobriu que nenhuma outra mãe em sua rua ficava em casa à tarde. Rapidamente, ela conheceu várias crianças vizinhas. Certo dia, Susie, a filha de uma vizinha, irrompeu pela porta da cozinha desta mãe com um sorriso de orelha a orelha. Ela tinha acabado de ser aceita na equipe de líderes de torcida.

A mulher se rejubilou com a realização de Susie. "Quero ver os movimentos com que você foi aceita, e depois comemoraremos com alguns biscoitos que acabei de fazer!"

No dia seguinte, a mulher encontrou com a mãe de Susie e perguntou como ela estava se sentido tendo sua filha na equipe. Surpresa, a mãe disse: "Susie não mencionou isso quando voltei do trabalho ontem à noite."

Pensamento transformado

"Não vos conformeis com este mundo, mas transformai-vos pela renovação do vosso espírito, para que possais discernir qual é a vontade de Deus, o que é bom, o que lhe agrada e o que é perfeito" (Rm 12, 2). Nossas mentes precisam ser renovadas para que saibamos a diferença entre o que o mundo espera de nós e o que o Senhor quer de nós. Isso inclui uma discussão franca sobre o que a Igreja ensina *versus* o que o mundo presume. Seguem alguns exemplos básicos.

Em primeiro lugar, a Igreja ensina que, como ato racional de obediência, cada matrimônio deve ser aberto à vida. O mundo acredita que, se a mulher for uma pessoa pensante, usará de contraceptivos. Se isso falhar (ou seja, se ela engravidar), ela escolherá o aborto ou, pelo menos, será esterilizada para tornar a contracepção permanente daí por diante.

Em segundo lugar, a Igreja ensina que o casamento é um vínculo indissolúvel: não pode ser rompido. O mundo apregoa que o casamento não é necessário se duas pessoas se amam. Além disso, duas pessoas que se casam devem ser livres para encerrar esse acordo e seguir em frente com outras pessoas.

Do mesmo modo, a Igreja ensina que um casal deve abster-se de fazer coisas próprias de casal até que estejam casados. A coabitação, em especial, não é um casamento experimental que trará vantagens à relação. O mundo diz que é sensato que vivam juntos como casal antes do casamento, a fim de que aprendam sobre compatibilidade e economizem dinheiro. Se não funcionar, o casal pode se separar sem passar por um divórcio caro e desagradável.

No entanto, coabitar é muito mais perigoso do que "brincar de casinha". Trata-se de tentar viver a vida conjugal sem as graças sacramentais necessárias para o seu sucesso. De fato, tanto o homem quanto a mulher frustram as graças da Confissão e da Eucaristia se ainda estiverem recebendo esses sacramentos, cauterizando suas consciências e endurecendo seus corações.

Ninguém começa um relacionamento íntimo planejando que ele fracasse; no entanto, cortar as graças necessárias para seu sucesso garantirá seu fracasso. Jesus disse: "Eu sou a videira; vós, os ramos. Quem permanecer em mim e eu nele, esse dá muito fruto; porque sem mim nada podeis fazer" (Jo 15, 5). Enquanto permanecermos ligados a Jesus, daremos bons frutos. Na aliança matrimonial, seremos abençoados com um amor fiel e frutífero e, por sua vez, seremos uma bênção para nossos filhos e outras pessoas ao nosso redor.

Precisamos entender o que a Igreja ensina e por que o faz. Ao contrário de outras denominações cristãs, que têm uma miscelânea de escolhas teológicas e éticas à disposição, a Igreja nos dá um ensinamento moral unificado que devemos entender e abraçar. Não podemos escolher no que vamos acreditar e como vamos viver. Após uma palestra, certa mulher me entregou um bilhete, dizendo: "Eu tinha marcado a esterilização para a semana que vem. Vou desmarcar: Acabou o *self-service*!"

Precisamos entender a verdade para que nossa obediência não seja superficial, mas enraizada em nossos corações. Jesus disse: "Se permanecerdes na minha palavra, sereis meus verdadeiros discípulos; conhecereis a verdade e a verdade vos livrará" (Jo 8, 31-32). A Igreja Católica proclama a verdade que recebeu, na qual acredita e a qual vive. Devemos seguir seu exemplo. É assim que o Senhor nos liberta para amá-lO e servi-lO de uma maneira que O agrade.

Senhora do reino, coração do lar

Imitando a rainha-mãe de Provérbios 31, a mulher de fé se vê como a rainha que reina ao lado de seu amado. O rei governa, mas a rainha também tem autoridade real.

Cuidando de sua família, ela exerce domínio no reino em que Deus a pôs.

Como isso contrasta com os sentimentos de várias universitárias que, em minha casa, se abriram em particular comigo! Elas tinham de lidar com uma série de preconceitos a respeito daquelas mães que ficavam em casa em tempo integral com os filhos. Cada jovem citava uma imagem diferente: uma casa de cachorro na qual ela estaria acorrentada, uma gaiola na qual estaria trancada, uma prisão... São imagens desoladoras, que devem ser substituídas pelas belas imagens do que é possível.

O lar não deve ser um lugar indesejável do qual a mulher precisa se libertar para poder ser ela mesma. Em vez disso, deve ser o lugar onde cada membro da família é amado incondicionalmente e se sente seguro e protegido. O lar deve ser um refúgio de amor, cura e aconchego.

O lar é a província da mulher de fé. É um santuário, um lugar onde ela acolhe os desgastados. Com suas capacidades, habilidades, sensibilidades e talentos, ela cria um ambiente no qual todos os membros da família podem se fortalecer e traz ordem e beleza para a casa. Ela é, no cerne da casa, o coração da família.

Deus chama a esposa para ser a ajudante de seu marido. Às vezes, isso consiste em adiar os próprios sonhos para permitir que o marido vá atrás dos dele. Minha mãe, por exemplo, é uma cantora talentosa e uma excelente professora, e hoje em dia pratica seus talentos na igreja, generosamente. No entanto, quando éramos jovens e a vida era agitada com tudo o que meu pai, como pastor, precisava fazer, ela nos ensinava e cantava para nós em casa. Sabia que, se se ocupasse na igreja, poderíamos ficar ressentidos com nossos pais por priorizarem as atividades da igreja. Nunca a ouvi reclamar por não poder praticar seus talentos publicamente, quando éramos jovens. Ela desempenhou muito bem seu papel coadjuvante, e continua a fazê-lo.

O ditado: "Por trás de todo grande homem há uma grande mulher" é verdadeiro. Na verdade, o homem não pode ser grande se sua esposa encara seu papel de forma competitiva. Se, por outro lado, seu desafio consiste em ajudar o marido a realizar os sonhos que Deus tem para ele, ela ficará profundamente satisfeita com a complementaridade do casal, e tanto para ela quanto para o marido "jamais faltará coisa alguma".

CAPÍTULO OITO

Interdependência saudável

Foi Deus quem criou o Homem e a Mulher e os uniu em casamento, e em sua providência Ele cuida de todas as famílias. São Paulo disse: "Por esta causa dobro os joelhos em presença do Pai, ao qual deve a sua existência toda família no céu e na terra" (Ef 3, 14-15). Deus está intimamente envolvido na construção, a partir de nossos casamentos e famílias, de uma civilização do amor.

O Vaticano II nos disse: "Em vista do bem tanto dos esposos e da prole como da sociedade, este sagrado vínculo não está ao arbítrio da vontade humana. O próprio Deus é o autor do matrimônio. [...] Esta união íntima, já que é o dom recíproco de duas pessoas, exige, do mesmo modo que o bem dos filhos, a inteira fidelidade dos cônjuges e a indissolubilidade da sua união."[1]

No casamento, o homem e a mulher florescem numa comunhão interpessoal de amor. Ambos agem segundo a ordem da autoridade e do amor. Isso contribui para o bem-estar de seus filhos e para o bem comum da sociedade.

A ordem da autoridade

Adão é o chefe da primeira família *antes* da Queda. Ele é criado primeiro. É Adão quem dá nome a todos os

---

1 *Gaudium et spes*, 48.

animais, exercendo seu domínio sobre a Criação. Quando Eva é apresentada por Deus a Adão, Adão também a nomeia e a acolhe como a auxiliar divinamente escolhida. A hieraquia, isto é, a ordem da autoridade no lar não é resultado do pecado; mas a luta entre homem e mulher quanto à autoridade é.

O Senhor profetiza as consequências do pecado de Adão e Eva, incluindo a desarmonia entre eles quanto à autoridade: "Disse também à mulher: 'Multiplicarei os sofrimentos de teu parto; darás à luz com dores, *teus desejos te impelirão para o teu marido e tu estarás sob o seu domínio*'" (Gn 3, 16, grifo meu). Ela desejará dominá-lo, mas ele a dominará. Essa disputa pela posição dominante na família é consequência do pecado, e não sua solução. A solução é a hierarquia da autoridade, enraizada no mistério da Autoridade própria da Divindade.

O Pai revelou uma ordem de autoridade dentro da Trindade: O Pai envia o Filho (cf. Jo 4, 34), e o Pai e o Filho enviam o Espírito Santo (Jo 15, 26). No entanto, cada Pessoa divina é Deus por completo. Há subordinação funcional sem diminuição da natureza ou da importância de qualquer uma das três Pessoas.

Da mesma forma no casamento: há uma hierarquia ou ordem de autoridade no lar. O marido é a cabeça da mulher, e o marido e a mulher juntos têm autoridade sobre os filhos. Isso não significa que o marido seja mais inteligente, espiritual ou moralmente melhor do que a mulher. Tanto o marido quanto a esposa são igualmente criados à imagem e semelhança de Deus (cf. Gn 1, 26-27), igualmente necessitados de salvação

Interdependência saudável

(cf. Gn 3, 22-23), e tanto um como o outro são salvos por Cristo (cf. Gl 3, 28). No entanto, a esposa está subordinada ao marido na hierarquia (cf. Ef 5, 22). Assim como na Trindade, no casamento há subordinação funcional, sem diminuição da natureza ou da importância de qualquer pessoa.

Toda autoridade foi dada a Cristo; portanto, a autoridade humana é derivada. É essencial que o marido saiba que ele mesmo, não apenas sua esposa, está sob autoridade. Tanto o marido quanto a esposa, por reverência a Cristo, se submetem a Ele.

> Sede submissos uns aos outros, por causa da reverência a Cristo. Mulheres, sejam submissas a seus maridos, como ao Senhor; pois o marido é a cabeça da mulher, como Cristo é a cabeça da Igreja, seu corpo, e é ele mesmo o seu Salvador. Assim como a Igreja é submissa a Cristo, assim também o sejam em tudo as mulheres a seus maridos. Maridos, amai as vossas mulheres, como Cristo amou a Igreja e se entregou por ela, para santificá-la, tendo-a purificado pelo batismo nas águas com a palavra, para que pudesse apresentá-la a si mesmo, gloriosa, sem mácula, ruga ou qualquer outro defeito semelhante, mas santa e imaculada. Assim os maridos devem amar as suas mulheres, como a seu próprio corpo. Quem ama a sua mulher ama-se a si mesmo. [...] Que cada um de vós ame a sua mulher como a si mesmo, e a mulher respeite o seu marido (Ef 5, 21-28.33).

Esta é uma das leituras recomendadas para o Rito de Celebração do Matrimônio dentro da Missa.

Fortalecidos pelo serviço

Alguns estudiosos das Escrituras interpretam erroneamente o texto grego de Efésios 5, 21, como se dissesse que marido e esposa devem ser submissos um ao outro, negando a existência de qualquer hierarquia dentro do lar. O texto não sustenta isso. Certamente há um chamado para que sejam amorosos e respeitosos entre si (CIC, 1642); no entanto, nesta passagem há claramente um ensino sobre a hierarquia dentro do matrimônio — baseada na hierarquia entre Cristo e a Igreja. Cristo não é tão submisso à Igreja quanto a Igreja é a Cristo.

A autoridade do marido vem de Deus, e ele é chamado a liderar seu casamento e sua família. A autoridade da esposa vem do Senhor *e* de seu marido: ela deve se submeter a ele em tudo e auxiliá-lo na liderança familiar. Os filhos têm sua própria medida de autoridade, a depender de sua posição quanto à ordem dos nascimentos, e devem se submeter ao pai e à mãe em tudo. O contexto de toda autoridade dentro da família é o serviço ao Senhor e uns aos outros. Trata-se de domínio, não de dominação.

O modelo para os homens é a liderança de Cristo, uma liderança a serviço, na qual Ele demonstra seu amor por sua esposa, a Igreja. Esse tipo de liderança sacrificial é o oposto de um poder dominador e abusivo sobre a esposa. Como disse Jesus: "O Filho do homem não veio para ser servido, mas para servir e dar a sua vida para redenção de muitos" (Mt 20, 28).

Interdependência saudável

O trabalho do marido inclui a liderança espiritual. Ele é responsável por apresentar sua esposa pura e imaculada ao Pai, assim como Cristo apresenta a Igreja pura e imaculada a seu Pai celestial. O marido deve conhecer a Palavra de Deus bem o suficiente para purificar sua esposa com a Palavra.

O modelo para as mulheres é a Igreja em sua resposta de amor e respeito à liderança de Cristo. Pode parecer difícil para nós, mulheres, nos submetermos a um homem que pode errar — ao contrário da submissão da Igreja ao Homem-Deus, que é infalível. No entanto, a vocação do marido é a mais difícil. O Senhor nos julgará a partir da resposta que dermos a nossos maridos; e julgará nossos maridos baseado em como sua liderança se assemelhou à de Cristo.

Os cristãos muitas vezes rejeitam a noção da hierarquia no lar porque testemunharam abusos dessa hierarquia. No entanto, é o abuso que deve ser descartado, e não a hierarquia. Quando o casal respeita a ordem da autoridade e a ordem do amor, a paz prevalece.

Durante o primeiro ano de nosso casamento, fomos a três cerimônias de matrimônio. As celebrações foram lindas, as leituras das Escrituras foram inspiradoras, a música foi edificante e nos sentimos profundamente gratos um pelo outro – pelo menos até depois da cerimônia.

Em geral, uma das leituras abordava a hierarquia no lar. A caminho das respectivas recepções, nossas conversas começaram de duas maneiras diferentes. Em uma delas, Scott me disse: "Se você se submetesse mais rapidamente a mim ou me mostrasse mais respeito, seria muito mais fácil servi-la e amá-la." Na outra, eu disse algo como: "Scott, se você me amasse mais sacrificialmente, como Cristo, seria muito mais fácil ser respeitosa e seguir sua liderança."

Em ambos os casos, a simples sugestão, inicialmente apresentada com gentileza, tornou-se rapidamente uma acusação. Nós ficamos tão chateados que mal pudemos chegar nas recepções felizes um com o outro.

Na terceira vez em que isso aconteceu, percebemos um padrão. No fim das contas, nossa inversão das palavras de São Paulo era parte do problema. Ele não diz: "Mulheres, garantam que seus maridos as amem sacrificialmente como Cristo; maridos, façam com que suas esposas se submetam a vocês em tudo." Em vez disso, ele diz: "Que cada um de vós ame a sua mulher como a si mesmo, e a mulher respeite o seu marido" (Ef 5, 33). Se tanto Scott quanto eu nos preocupássemos em cumprir nossas respectivas obrigações, tornaríamos muito mais fácil para o outro cumprir a sua. Afinal, a única parte que poderíamos mudar era a nossa. Dedicar-se a isso era mais útil do que tentar trabalhar sobre a outra pessoa para fazê-la mudar.

O casamento é algo que envolve solução de conflitos: você opta por unir ou separar, por proteger a si mesmo ou proteger seu vínculo de amor, ofertando confiança e amor sacrificial... Aos homens ordena-se que amem suas esposas, que cuidem delas e as queiram bem como a seus próprios corpos; às mulheres ordena-se que respeitem seus maridos. Parece que seria mais fácil para os homens serem irresponsáveis e preguiçosos, deixando a liderança para suas esposas, que querem mandar em tudo. Seria mais fácil para as mulheres ser obstinadas e assumir o comando. Mas o que é mais fácil não é o melhor.

Em última análise, nem os homens nem as mulheres ficam felizes quando a autoridade de Deus dentro do lar é subvertida. Em vez disso, precisamos fazer o que é mais difícil: homens, tornem-se líderes e servos amorosos de suas esposas; mulheres, demonstrem respeito por seus maridos. Esta é uma das principais maneiras pelas quais o casamento dá testemunho, ao mundo, do relacionamento entre Cristo e a Igreja.

A liderança a serviço é fortalecida pela submissão

A submissão da esposa é obediência ativa, e não passividade. Está enraizada em seu amor e submissão ao Senhor, primeiro, e ao marido, em segundo lugar. (Obviamente, se o marido pede à esposa que desobedeça a Cristo, ela não deve obedecê-lo.) Trata-se de serviço, não de servidão.

A submissão da esposa ao marido fortalece a capacidade que ele tem de liderar. Ela anseia por considerá-lo digno de tal respeito ou confiança antes de segui-lo. Ela responde à sua liderança nas questões comuns e nos assuntos espirituais. A resposta dela desperta a responsabilidade dele diante de Deus. O respeito que ela mostra ao marido dá o tom do respeito em casa; as crianças seguirão seu exemplo.

Jesus contrasta seu estilo de liderança com o dos gentios, que "subjugam" os outros (cf. Mt 20, 25-27). No lar, o marido deve ser um líder a serviço, como Jesus. Sua liderança fornece proteção, refúgio, sensação de segurança para sua esposa e filhos.

E quanto à submissão a um homem que não é cristão? Se for esta a sua situação, lembre-se de que seu marido ainda é seu marido. As Escrituras têm um conselho para você também: "Vós, também, ó mulheres, sede submissas aos vossos maridos. Se alguns não obedecem à palavra, serão conquistados, mesmo sem a palavra da pregação, pelo simples procedimento de suas mulheres, ao observarem vossa vida casta e reservada" (1 Pe 3, 1-2).

Embora o *Catecismo* não aborde explicitamente a venerável obediência da esposa, refere-se aos "direitos e deveres, na Igreja, entre os esposos"[2]. Em sua encíclica *Sobre o casamento cristão*, o Papa Leão XIII refere-se a Efésios 5, 21-23 no contexto dos direitos e deveres conjugais:

> Os deveres mútuos de marido e mulher foram definidos e seus vários direitos foram precisamente estabelecidos. Eles são obrigados, a saber: a ter um pelo outro tais sentimentos que os conduzam a nutrir sempre um grande amor entre si; a serem sempre fiéis ao voto matrimonial; e a prestarem um ao outro auxílio infalível e desinteressado. O marido é o chefe da família e cabeça da esposa.[3]

Precisamos ler Efésios 5. Lembre-se do que Jesus disse sobre conhecer a verdade e ser liberto por ela

---

2   CIC, 1631.
3   Leão XIII, *Arcanum*, 10 de fevereiro de 1880, 11. O Papa Pio XI cita Leão XIII ao afirmar a hierarquia no matrimônio: *Casti connubii*, 31 de dezembro de 1930, 29.

(cf. Jo 8, 32). Se adequadamente compreendidos e vividos, nossos casamentos terão uma base mais sólida na medida em que seguirmos o ensino das Escrituras em vez dos ditames culturais atuais.

Um marido digno de confiança

Qual é o estilo de liderança oferecido por Jesus Cristo? Primeiro, Ele é inequivocamente o Rei dos Reis. Ninguém se pergunta quem lidera a Igreja. Ainda assim, é dando a vida por sua noiva que Ele lidera. O que nega à Igreja? Absolutamente nada. Ele dá à Igreja a sua vida, o seu Corpo, o seu Sangue, a sua Alma, a sua Divindade.

Da mesma forma, o marido não deve negar nada à sua esposa. Deus o chama a amar sua esposa e conduzi-la espiritualmente. Ele deve conhecer a Palavra de Deus. É sua responsabilidade apresentar sua esposa santa ao Senhor.

Queira Deus que você tenha escolhido um cônjuge que valorize seus pensamentos, que deseje sua sabedoria e que se importe com seus sentimentos. Juntos, vocês agem à luz de habilidades de comunicação. Vocês têm objetivos harmoniosos, pelos quais estão batalhando. No entanto, pode haver situações em que não experimentam uma harmonia perfeita. Nesses casos, o marido precisa conduzir sua família na direção que acredita ser a melhor. Ele deve ser capaz de esperar que sua esposa siga sua liderança com uma atitude pacífica, mesmo no caso de ela discordar de sua decisão.

É essencial que entendamos o plano de Deus quanto à hierarquia no seio do lar. Esta é uma parte importante dos votos que fazemos no dia do nosso casamento.

A ordem do amor

O Papa São João Paulo II enfatizou outra ordem que opera no casamento: a ordem do amor. Assim como o marido é o cabeça do lar, a esposa é seu coração. Ele é o primeiro na ordem da autoridade; ela é a primeira na ordem do amor.[4]

Dentro de uma mulher, há um elemento especial que se sintoniza com o amor que há na família, e seu marido precisa acolher os pensamentos e intuições dela para fomentar esse amor. Um homem sábio ouve o coração de sua amada.

Quando falamos na ordem da autoridade no lar, não queremos dizer que o homem é mais importante que a mulher. Da mesma forma, na ordem do amor, a mulher não é mais importante que o homem. A ênfase está no serviço pelo bem de toda a família.

A mulher de fé fica atenta às necessidades de seu marido: as conhece e as atende. Ela sabe o que é necessário para uma boa saúde e cuida dele quando está doente. Ela confere honra ao nome dele, em vez de vergonha. Edifica a família por meio dos filhos que gesta, alimenta e educa. E, nas mãos dela, prospera a casa de ambos. Ela lidera com amor.

---

4   Papa Pio XI, *Casti connubii*, 31 de dezembro de 1930, 27.

Interdependência saudável

O que é mais importante num lar, a cabeça ou o coração? Você pode viver sem algum deles? A verdade é que ambos são essenciais para um matrimônio e uma família felizes, saudáveis e santos. O objetivo está em que, em prol da harmonia, tanto o marido quanto a esposa sejam respeitosos e fiéis a seus respectivos papéis como cabeça e coração do lar.

Esta é uma bela visão — e sua realização, uma tarefa formidável — tanto para o marido quanto para a esposa. É preciso muita confiança para desenvolver esse tipo de interdependência saudável. Ambos os cônjuges precisam pedir a graça de Deus para cumprir seus papéis de forma agradável a Ele, lembrando o tempo todo as palavras de São Paulo: "Tudo posso naquele que me conforta" (Fl 4, 13).

Perguntas para reflexão

1. No casamento, em que situações troquei a independência pela interdependência saudável? Qual foi o meu maior desafio?
2. Como posso ajudar melhor meu cônjuge na área das finanças? Sou disciplinada em meus hábitos de consumo? Se não, como posso obter maior autocontrole nessa esfera?
3. Considero o dízimo importante? Por que sim ou por que não?
4. Como me sinto em relação a trazer crianças ao mundo? Meu cônjuge compartilha de minha perspectiva em relação à abertura para a vida?
5. Que estilo de liderança conheci por meio de meu pai? Minha mãe me deu um bom exemplo de submissão piedosa? Qual é a diferença entre uma mulher que se sente como um capacho e uma mulher que se sente como a senhora do reino sob o rei?
6. O que penso da ideia do homem como chefe da casa e da mulher como coração do lar?
7. De que maneiras comunico respeito ao meu cônjuge? Valorizo o que Deus valoriza?
8. Como posso encorajar meu marido a liderar espiritualmente, mesmo que eu seja a mais piedosa de nós dois?
9. Como meu marido e eu podemos ensinar nossos filhos a, no futuro, serem líderes espirituais em suas casas?
10. Existe algum casal que talvez pudesse nos orientar bem? Como podemos abordá-lo neste sentido?

PARTE CINCO

ELA LHE PROPORCIONA O BEM, NUNCA O MAL

PROVÉRBIOS 31, 12a

CAPÍTULO NOVE

Abraçando o compromisso

Quando um homem e uma mulher discernem a vocação do casamento, passam de uma promessa privada feita por cada um ao outro para um noivado público. Eles procuram a Igreja, pelo menos seis meses antes da data esperada para o casório, a fim de formalizar seu compromisso. Preparam-se aprendendo mais sobre o que a Igreja ensina sobre o casamento, pois "o Matrimônio introduz numa *ordem* eclesial, cria direitos e deveres na Igreja, entre os esposos e para com os filhos"[1]. Quando eles se casam, não se tornam simplesmente um casal que frequenta a igreja, mas são, em virtude de sua união sacramental, parte integrante da missão da Igreja.

Quando os noivos declaram seus votos como adultos de livre consentimento, conferem o sacramento do Matrimônio um ao outro (cf. CIC, 1623). Eles consentem em viver sua vocação em conformidade com o ensinamento da Igreja, e o padre recebe seu consentimento e os abençoa em nome dela. Trata-se de uma bênção mais do que especial: não é nada menos que a epiclese do Espírito Santo, que os noivos recebem "como comunhão do amor de Cristo e da Igreja"[2].

É mais adequado que o casal pronuncie seus votos no meio da Missa, celebrando os dois sacramentos: o da união e o da Comunhão. A Missa é o sacrifício vivificante do Esposo

---
1   CIC, 1631.
2   CIC, 1624.

por sua esposa, a Igreja, a fim de fortalecer sua fidelidade e fecundidade. Da mesma forma, o casal recém-casado se compromete um com o outro em fidelidade e fecundidade. Eles se aproximam do santuário interior do leito conjugal, prontos para receber o dom do outro com alegria e pureza e para aceitar os filhos, caso Deus abençoe sua união com uma nova vida. Esta é a renovação da aliança de união e comunhão, que fortalece sua fidelidade e fecundidade.

Assumir o compromisso do casamento é abraçar o desígnio de Deus para o ato conjugal. Homens e mulheres comprometidos sabem o valor e a alegria desse ato. Eles se entregam exclusivamente a seus cônjuges e, assim, experimentam o belo desígnio de Deus para a relação sexual: uma relação que fortalece seus laços de amor, dá uma expressão profundamente pacífica e alegre ao seu amor e os torna cooperadores de Deus na criação de uma nova vida.

Se você fosse falar sobre o vinho consagrado, não o descreveria como "um vinho muito bom". Mesmo se dissesse que é um vinho ótimo, ainda não daria conta do recado. Por quê? Porque o vinho consagrado é algo santo, reservado para um uso sagrado. Da mesma forma, o ato conjugal revela que nossos corpos são consagrados para um uso sagrado também. O marido como sacerdote do lar é recebido no templo do corpo de sua esposa; eles refletem a unidade que lhes é conferida pelo sacramento. É por isso que o ato do casamento é guardado para o casamento: porque é sagrado.

No relacionamento sério do matrimônio, o ato conjugal une e abençoa marido e mulher.

Na alegria e na tristeza

Examinemos os votos tomados por um casal. Geralmente proferidos por pessoas na flor da juventude, não seriam por isso votos imprudentes? Não. No entanto, é raro que um casal conheça por inteiro, no instante em que se casam, todos os desdobramentos dos seus votos. E, dadas as realidades da vida, talvez isso seja bom.

"Alegrai-vos com os que se alegram; chorai com os que choram" (Rm 12, 15). No casamento praticamos a arte de estar ao lado do outro, sendo um agente de consolo como o Espírito Santo. Quer tenhamos desfrutado de um ótimo dia ou não, recebemos nosso cônjuge em casa prontas para ouvir com compaixão as alegrias e tristezas pelas quais ele passou. Tentamos elevar o ânimo de nosso cônjuge por meio do encorajamento, mais do que resolver problemas.

Também compartilhamos nosso dia. Permitimos um ao outro compartilhar sonhos e não os menosprezamos. Nossas conversas nos ajudam a cair na real sobre o que é possível. Procuramos alegria na vida que compartilhamos e evitamos o humor negativo.

São Paulo nos adverte: "Ajudai-vos uns aos outros a carregar os vossos fardos, e deste modo cumprireis a Lei de Cristo" (Gl 6, 2). É assim que nos amamos: suportamos todas as coisas cuidando genuinamente uns dos outros.

Uma das dificuldades que uma mamãe com filhos pequenos enfrenta vem de que, no fim do dia, já está farta de ser tocada. A mulher pode mesmo sentir que não quer mais saber de afeto físico. No entanto, seu esposo não foi tocado o dia todo. Ela não deve ignorá-lo, especialmente se, no caso dele, a principal linguagem de amor for o toque.

Se esta for a sua situação, você pode pedir alguns minutos para se reorganizar, uma vez que os pequenos estejam na cama, antes de estar disponível fisicamente para o seu cônjuge. Convidada por ele à intimidade, pedir a seu marido que espere algum tempo para você se preparar seria muito melhor do que recusar o convite.

O mesmo pode se aplicar à conversa. Embora muitas mulheres tendam a falar mais do que os homens, se seus filhos falaram com você de manhã à noite, você pode desejar um pouco de silêncio.

Meus filhos desde cedo foram bons de papo, dizendo coisas maravilhosas e fofas. No final do dia, meus ouvidos estavam sobrecarregados. Scott perguntava: "Você quer ouvir algum disco? Ou que eu coloque uma música? Quer conversar?"

Minha resposta era: "Não, só quero sentar no sofá por cerca de quinze minutos e ficar calada, sem ninguém me tocando e ninguém falando comigo". Depois de beber o silêncio, ia ao encontro de Scott em seu escritório e desfrutava de nossa conversa. Se a necessidade de ouvir era urgente, no entanto, eu renunciava ao meu "direito" de fazer as coisas do jeito que queria e, em vez disso, me concentrava em servir ao meu amado.

O chamado para seguir a Cristo consiste em servir em vez de ser servido. Isso consiste em incentivar seu cônjuge, mesmo quando você se sente desvalorizada. Consiste em perguntar-lhe o que você pode fazer por ele, expressando as linguagens do amor, dando presentes ou atos de serviço, mesmo que você esteja cansada de servir seus filhos o dia todo.

A frase "na alegria e na tristeza" soa particularmente adequada quando se trata da chegada dos filhos. Existe alguma alegria que se compare à descoberta de que um bebê está a caminho ou, melhor ainda, de que o parto foi bem-sucedido? Cada filho intensifica e enriquece o amor da mulher pelo esposo. Por outro lado, que grande dor experimentamos nas lutas contra a infertilidade ou a morte de um filho!

Quando Scott e eu perdemos bebês no ventre, nossos lutos não foram iguais. Não era essencial que sentíssemos ou expressássemos a dor da mesma maneira, e sim que compartilhássemos um com o outro nosso sentimento de perda. Acreditávamos que o outro sentia a perda e esperávamos, um do outro, que a partilha da tristeza nos desse força.

Às vezes, os pais oferecem aos filhos adultos falsas soluções para o sofrimento deles. Pode ser que sejam negligentes quanto ao ensinamento da Igreja sobre a contracepção, sobre os tratamentos para a infertilidade, sobre a esterilização e o aborto, sob o pretexto de querer ajudar. Em vez disso, estão se furtando ao desafio de agir como pais de filhos que padecem. Eles oferecem uma solução improvisada que contraria a vontade de Deus e prejudica as almas de todos os envolvidos.

Se você fez isso, não é tarde demais para se arrepender desse engano diante do Senhor e dos filhos afetados. A graça de Deus não conhece limites: Ele pode tirar o bem do mal e redimir qualquer situação. Acredite: Ele pode restaurar você, seus filhos e sua família.

Na doença

É preciso ter um coração de servo para com os enfermos. Para mim é difícil, quando alguém está doente em minha casa, comunicar compaixão. Tendo a cumprir tarefas: levar a pessoa ao médico, pegar a medicação certa e mandá-la para a cama para que eu possa continuar meu dia. Deveria, porém, ver essa como uma oportunidade de servir a um determinado membro da família. Deveria ser grata por poder amar aquela pessoa de uma maneira especial.

No voto matrimonial, comprometemo-nos a cuidar genuinamente uns dos outros quando das doenças. Crescer agora em santidade serve, em parte, para nos preparar para o sofrimento vindouro. Não temos ideia do que é que as deficiências temporárias ou as doenças crônicas poderão fazer com nosso cônjuge e com nós mesmas. Existem muitas tentações em meio ao sofrimento: entregar-se à autopiedade, ser excessivamente sensível a críticas, culpar a Deus, duvidar do cuidado divino, cair em desespero. É fundamental que enfrentemos os desafios do sofrimento que surgem no início do casamento para que nos preparemos para desafios mais difíceis no futuro. Assim construímos resistência espiritual e resguardamos nossos corações contra as tentações da eutanásia e do suicídio.

Pense na esposa de Jó. Ela perdeu tudo o que Jó perdeu: sete filhos e três filhas, todos os seus rebanhos, todas as suas colheitas e todos os seus servos. Sua dor com certeza era imensa. Não sabemos a extensão de sua fé, mas sabemos da fé de Jó, pois Satanás se referiu, em seu pedido para testá-lo, à sua justiça.

A resposta de Jó às suas provações consistiu em adorar o Senhor mesmo em meio à sua dor: "Jó então se levantou. Rasgou seu manto e rapou a cabeça. Depois, caindo prostrado por terra, disse: 'Nu saí do ventre de minha mãe, nu voltarei. O Senhor deu, o Senhor tirou: bendito seja o nome do Senhor!'" (Jó 1, 20-21).

Então Deus permitiu que Satanás atacasse a saúde física de Jó. "Satanás retirou-se da presença do Senhor e feriu Jó com uma úlcera maligna, desde a planta dos pés até o alto da cabeça" (Jó 2, 7). Quando Jó foi atingido por furúnculos, seu sofrimento se intensificou.

Nesse ponto, a esposa de Jó sucumbiu ao desespero. Ela acusou seu amado de ter uma fé inútil: "Persistes ainda em tua integridade? Amaldiçoa a Deus e morre!" (Jó 2, 9). Em vez de se aproximar de Jó, ajudando-o em seu sofrimento e aliviando pelo menos o componente emocional, ela aumentou seu sofrimento. A única pessoa que Jó ainda tinha neste mundo se voltara contra ele e tentara voltar seu coração contra o Senhor.

Quem pode compreender a magnitude do pesar que cada um deles enfrentou? Embora entendamos como alguém pode se desesperar, sabemos que a resposta da esposa de Jó mostra uma falha na fé em Deus e na fidelidade ao seu esposo. Ela deveria ter ajudado Jó a carregar o fardo; deveria ter sido o canal da graça de que ele tanto precisava. Deveria ter clamado ao Senhor por ajuda em vez de se recusar a ajudar seu amado na angústia.

O desespero é um pecado mortal; não devemos sucumbir a essa tentação, pelo bem de nossas almas e das almas ao nosso redor. Uma falsa compaixão prefere acabar com o sofrimento de alguém sob o disfarce do tiro de misericórdia, por exemplo, em vez de carregar o fardo do sofrimento com ele. A graça de Deus quer operar através de nós em meio ao nosso sofrimento e ao sofrimento de nossos entes queridos, mas devemos estar abertos a ela.

A resposta de Jó é a repreensão de um marido piedoso que fala a palavra de Deus para sua esposa, na esperança de atrair seu coração de volta ao Senhor em direção à verdade e para longe do desespero: "'Falas', respondeu-lhe ele, 'como uma insensata. Se aceitamos de Deus a felicidade, não deveríamos também aceitar a infelicidade?' Em tudo isso, Jó não pecou por palavras" (Jó 2, 10). Ele assegurou à esposa, em meio à terrível aflição, que Deus ainda estava no controle e merecia confiança.

No final do livro de Jó, o Senhor restaurou todas as bênçãos de que ele desfrutara antes da aflição, incluindo mais sete filhos e mais três filhas. Uma vez que não há menção da morte da esposa de Jó ou de quaisquer esposas adicionais, acredito que a repreensão de Jó à esposa alcançou o que Jó pretendia: ela se arrependeu de seu pecado de desespero e foi restaurada, de modo a prosseguir, como sua auxiliar, no restabelecimento da sua família.

Precisamos guardar nossos corações contra as tentações nascidas do sofrimento, especialmente no final da vida. É por isso que, no Rosário, rezamos pela ajuda de Maria "agora e na hora da nossa morte". Sabemos que precisamos da graça agora e sabemos que precisaremos da graça para termos uma morte santa, seja qual for sua hora.

Vimos e ouvimos falar de pessoas muito santas que suportaram intenso sofrimento até o fim. Pense no exemplo do Papa São João Paulo II, que suportou a humilhação de sofrer em público. Ele nos ensinou não apenas a viver, mas também a morrer. Mostrou-nos pelo sofrimento como nos aproximamos de Cristo e de sua agonia na Cruz. Ele foi um exemplo de pessoa santa que sofre bem e distribui força e graça para os outros.

Os santos ecoam as palavras de São Paulo aos fiéis em Colossos: "Agora me alegro nos sofrimentos suportados por vós. O que falta às tribulações de Cristo, completo na minha carne, por seu corpo que é a Igreja" (Cl 1, 24). Isso faz parte do mistério do sofrimento: não há nada insuficiente nas aflições de Cristo em nosso benefício; porém, Ele verdadeiramente nos fez seu corpo, sua noiva, para que nossas aflições unidas à Cruz tenham poder salvífico.

Essa é a lógica por trás de "oferecer" o sofrimento. Temos de ter o cuidado de não usar essas palavras para calar as queixas de nossos filhos. Se eles entenderem o que estão sendo incentivados a fazer, poderão transformar seu sofrimento em poderosa oração de intercessão.

E na saúde

Na prática, oferecemos alimentos nutritivos para sustentar o corpo e dar-lhe força. Isso envolve planejar refeições, fazer compras, preparar e cozinhar com ponderação e equilíbrio... Fisicamente, nosso objetivo não é parecer uma adolescente — tudo bem parecer que você é mãe quando você é mãe —, mas ter saúde. Importa cuidar de nosso corpo para que possamos servir nossa família com destreza e viver para conhecer nossos netos e bisnetos. Este voto também nos leva a servir as refeições com amor genuíno. "Mais vale um prato de legumes com amizade do que um boi cevado com ódio" (Pr 15, 17). Quando há tensão à mesa, as pessoas não sentem fome; mas, quando a casa está cheia de amor, uma simples refeição se torna um banquete. Nossas palavras contribuem para a saúde. "As palavras agradáveis são como um favo de mel: doçura para a alma e saúde para os ossos" (Pr 16, 24).

Ao redor da mesa de jantar da minha família, compartilhamos "coisas boas". Isso significa que todos contam algo bom que aconteceu desde a última refeição da noite anterior. Compartilhar boas notícias nos alivia fisicamente e ajuda na digestão. Isso é útil numa família grande, em que as conversas paralelas podem afogar uma refeição: mantém a conversa positiva, dá a todos (não importa quão pequenos) a chance de compartilhar e permite que todos saibam que os levamos a sério. Aos domingos, registramos a "coisa boa da semana" de cada um. Esse hábito se tornou um estimado registro dos acontecimentos de nossas vidas.

Na riqueza e na pobreza

Quando se trata de finanças, um jovem casal que se prepara para o casamento pode pensar algo como:

"O amor é tudo de que precisamos." O confronto de tal ingenuidade com a vida real pode ser doloroso.

São Paulo apresenta o contentamento como meta: "Grande fonte de lucro é a piedade, porém, quando acompanhada de espírito de desprendimento. Porque nada trouxemos ao mundo, como tampouco nada poderemos levar. Tendo alimento e vestuário, contentemo-nos com isso" (1 Tm 6, 6-8). Em seguida, nos alerta quanto às tentações relacionadas ao dinheiro:

> Aqueles que ambicionam tornar-se ricos caem nas armadilhas do demônio e em muitos desejos insensatos e nocivos, que precipitam os homens no abismo da ruína e da perdição. Porque a raiz de todos os males é o amor ao dinheiro. Acossados pela cobiça, alguns se desviaram da fé e se enredaram em muitas aflições (1 Tm 6, 9-10).

Anteriormente, falei sobre a importância de um orçamento familiar. Os orçamentos ajudam as pessoas a sacrificar desejos imediatos por objetivos de longo prazo. Proporcionam uma estrutura para economizarmos em prol da própria instrução, da aquisição de uma casa, para investir num novo negócio e para as despesas com a educação dos filhos. Planejar e economizar andam de mãos dadas com a confiança no Senhor.

Os históricos do marido e da esposa os podem levar a percepções diferentes sobre o que constitui abundância e o que é suficiente para a segurança financeira. Quando discute questões financeiras, o casal cresce em confiança. Os idosos talvez tenham de reavaliar suas finanças quando começam a receber a aposentadoria. E os que já têm filhos casados precisam considerar como podem abençoar seus filhos sem interferir na independência financeira deles.

Scott e eu encorajamos os casais a pensar, rezar e conversar sobre suas metas financeiras. Como podem viver com seus recursos, em vez de contrair dívidas? Se forem agraciados financeiramente, o que gostariam de realizar para o Senhor? O objetivo não é alcançar a riqueza pela riqueza, mas ser um bom administrador dos recursos que Ele coloca à nossa disposição. Na parábola dos talentos, Jesus recorda que o servo fiel recebe mais recursos para supervisionar (cf. Mt 25, 14-30).

Em outro momento, São Paulo se refere ao princípio do contentamento: "Não é minha penúria que me faz falar. Aprendi a contentar-me com o que tenho. Sei viver na penúria, e sei também viver na abundância. Estou acostumado a todas as vicissitudes: a ter fartura e a passar fome, a ter abundância e a padecer necessidade" (Fl 4, 11-12).

Parece estranho falar em contentar-se tanto com o muito quanto com o pouco, mas o importante é que devemos confiar em que Deus nos dará aquilo de que precisamos. É Cristo, não os recursos, quem nos fortalece. Buscamos a piedade em vez do ganho financeiro para que possamos amar a Deus e usar o dinheiro, não o contrário.

Nos dias bons e nos dias ruins

Cada cônjuge suporta as falhas e fraquezas do outro. "Nós, que somos os fortes, devemos suportar as fraquezas dos que são fracos, e não agir a nosso modo" (Rm 15, 1). Neste ponto, devemos distinguir entre os pecados, que exigem mudança, e as fraquezas — costumes inadequados, idiossincrasias, maus modos —, que ninguém tem obrigação de mudar por nossa causa (por mais que isso pudesse ser ótimo).

As fraquezas incluem os desafios hormonais relacionados à fertilidade que as mulheres enfrentam. Gravidez, parto, infertilidade, aborto espontâneo, bebês natimortos e TPM são situações que podem afetar a mulher emocionalmente. Uma palavra para o marido sábio: leve essa dificuldade em conta, sem lembrar à sua esposa que você está fazendo isso.

Nós, mulheres, não podemos tomar as dificuldades hormonais como justificativa para um mau comportamento. Devemos assumir a responsabilidade por nossos pensamentos, por nosso equilíbrio emocional, palavras e ações. Ao mesmo tempo, se nos sentirmos sobrecarregadas por certas emoções, talvez precisemos cuidar de nós mesmas — ingerindo mais líquido, comendo melhor, descansando mais ou contratando uma babá para que possamos "tirar um dia de folga". Essas medidas podem limitar nossas tentações e as dificuldades dos outros conosco. Mesmo em tempos de estresse e fraqueza, ainda podemos ser canais de graça.

Todas sofremos pequenas irritações em razão da vida em comum: meias espalhadas pelo chão, cabelos deixados na pia do banheiro, pedacinhos de lixo no chão perto da lixeira (que temporariamente funcionou como cesta de basquete), o tubo de pasta de dente destampado ou o assento do vaso sanitário para cima. Para um lar amoroso, precisamos dizer o que nos irrita, entender que ações nossas incomodam o outro e determinar como conviver com as coisas que não vão mudar.

A Primeira Carta aos Coríntios recorda no versículo 13, 5: "[O amor] não busca os seus próprios interesses, não se irrita, não guarda rancor". Como disse uma amiga que ficou viúva recentemente: "A ausência dessas pequenas irritações é um dos meus lembretes de que ele se foi."

A Igreja escolheu Colossenses 3, 12-21 para ser lida na Festa da Sagrada Família no Ano A, e ela também a recomenda como leitura do Novo Testamento em casamentos. Essa passagem tem um significado especial para Scott e para mim, porque meu pai escolheu pregar sobre ela em nosso casamento e no casamento de meus irmãos. A passagem recorda as virtudes e ações que ajudarão nossa família a imitar a Sagrada Família:

> Portanto, como eleitos de Deus, santos e queridos, revesti-vos de entranhada misericórdia, de bondade, humildade, doçura, paciência. Suportai-vos uns aos outros e perdoai-vos mutuamente, toda vez que tiverdes queixa contra outrem. Como o Senhor vos perdoou, assim perdoai também vós. Mas, acima de tudo, revesti-vos da caridade, que é o vínculo da perfeição. Triunfe em vossos corações a paz de Cristo, para a qual fostes chamados a fim de formar um único corpo. E sede agradecidos. A palavra de Cristo permaneça entre vós em toda a sua riqueza, de sorte que com toda a sabedoria vos possais instruir e exortar mutuamente. Sob a inspiração da graça cantai a Deus de todo o coração salmos, hinos e cânticos espirituais. Tudo quanto fizerdes, por palavra ou por obra, fazei-o em nome do Senhor Jesus, dando por ele graças a Deus Pai (Cl 3, 12-17).

Temos acesso ao Príncipe da Paz. Se o deixarmos triunfar em nossos corações, sua paz reinará em nossos lares. Então proporcionaremos o bem, e nunca o mal, àqueles que habitam conosco.

CAPÍTULO DEZ
Resolução de conflitos

Um sacerdote idoso visitou uma aula de religião da segunda série e perguntou: "O que Jesus ensinou sobre o casamento?" A princípio, os pequenos lhe lançaram olhares vazios. Então um menino na primeira fila ergueu a mão. "Jesus disse: 'Pai, perdoai-lhes, eles não sabem o que fazem!'"

A vida de casado é, para os noivos, uma jornada em terras desconhecidas, com muitos altos e baixos. Eles descobrem forças que não sabiam ter, se deparam com fraquezas que temiam e percebem que a graça de Deus é suficiente para a jornada. O caminho de cada um inclui uma cruz, uma morte diária para si mesmo por amor a Deus e ao cônjuge, imitando a vida sacrificial de Jesus (cf. Mc 8, 34). Cada um trava suas batalhas contra o pecado. No entanto, o Senhor os guia para que o resultado seja o bem, e não o mal. Com a graça, mesmo as quedas podem se tornar "quedas para cima".

O poder da raiva

Raiva e amor são paixões que comunicam que "eu me importo". Mas as paixões são como o fogo. Falamos de "amor ardente" e "calor da raiva". Precisamos exercer o autocontrole no contexto do amor apaixonado, mas estamos cientes de quanto também precisamos de autocontrole na raiva?

A raiva pode motivar para o bem. Pode fortalecer nossa coragem de defender um familiar e nos motivar a lutar contra a injustiça. No entanto, a raiva pode causar perigo e destruição. São Paulo adverte: "Mesmo com raiva, não pequeis" (Ef 4, 26a; Sl 4, 5). Esta é uma orientação difícil.

A raiva é a emoção mais problemática na vida familiar. Ela pode tornar o lar um lugar de tensão, conflito, defensividade, mágoa e até mesmo abuso. "O homem iracundo excita questões, mas o paciente apazigua as disputas" (Pr 15, 18). São Paulo adverte especificamente os maridos a esse respeito: "Amai as vossas mulheres e não as trateis com aspereza" (Cl 3, 19).

É importante observar como expressamos nossa raiva. Nós nos comunicamos bem a respeito de nossos conflitos interiores? Resolvemos o conflito ou apenas ficamos quietas e fervemos, temendo o confronto? Oscilamos entre agradar as pessoas e ter personalidade própria?

Nenhuma família é perfeita: somos todos frutos na árvore genealógica que começa em Adão. Alguns hábitos adquiridos devem ser mudados. Pela graça de Deus, podemos abraçar os pontos fortes de nossa família e depois melhorar a partir deles. Nosso objetivo é comunicar respeito em meio ao conflito.

Quando as palavras são muitas

Ficar com raiva é uma escolha de cada um, embora raramente livre de provocação. Ouvimos críticas e reagimos. Começamos uma discussão tarde da noite, quando estamos cansados demais para pensar antes de falar. Nos queixamos com alguém que não está se sentindo bem e nos vemos arrastados para uma briga, quando tudo o que queríamos era um pouco de compaixão. Quando qualquer um de nós está fisicamente fraco, podemos não ter graça suficiente, somando os dois, para lidar com o atrito; e o resultado é um desentendimento.

"Quando as palavras são muitas, não falta transgressão, mas quem modera seus lábios é prudente" (Pr 10, 19). Seria útil se tivéssemos um letreiro de *neon* piscando regularmente: "Não compensa dizer em voz alta tudo aquilo que se pensa!"

Quando se trata de palavras, precisamos do autocontrole, que é fruto do Espírito. "O falador fere com golpes de espada; a língua dos sábios, porém, cura" (Pr 12, 18). Palavras imprudentes podem nos causar dor, mas responder na mesma moeda ou não sempre será uma escolha. Palavras sábias trazem cura se, no meio do conflito, desistimos de pronunciá-las. "Uma resposta branda aplaca o furor, uma palavra dura excita a cólera" (Pr 15, 1).

Veja o contraste entre um homem sem autocontrole e aquele que o cultivou: "Como uma cidade desmantelada, sem muralhas: tal é o homem que não é senhor de si" (Pr 25, 28). "Mais vale a paciência que o heroísmo, mais vale quem domina o coração do que aquele que conquista uma cidade" (Pr 16, 32). A partir desses versículos, vemos como o autocontrole de um homem tem o poder de transmitir segurança aos que estão ao seu redor.

Mulheres, evitem um homem inclinado à raiva, ou vocês podem acabar imitando-o. Pior ainda, você pode enfrentar a ira dele dirigida contra você e seus filhos (cf. Pr 22, 24-25). A raiva não é viril; o autocontrole é. Em meio ao conflito, devemos lembrar que "inteligente é o que possui o coração sábio; a doçura da linguagem aumenta o saber" (Pr 16, 21). Aqui não se trata de uma competição na qual um vence e outro perde, mas de uma equipe que progride em união. Quando nos percebemos *dando cabeçadas* um no outro, talvez precisemos de um breve tempo separados para esfriar as coisas e rezar, pedindo discernimento. *Não* se trata de dar um gelo, mas de abrir com o silêncio um espaço no qual a graça possa operar mais livremente. "O que mede suas palavras possui a ciência; o calmo de espírito é um homem inteligente" (Pr 17, 27).

Por um lado, não temos de corrigir tudo. "Um homem sábio sabe conter a sua cólera, e tem por honra passar por cima de uma ofensa" (Pr 19, 11). Por outro lado, conflitos não resolvidos podem ficar fervilhando por dentro de alguém e depois emergir de forma imprevisível, como uma bola de praia submersa que, uma vez solta, dispara sem direção previsível. Por meio da oração e da reflexão, discernimos qual caminho tomar.

Frequentemente, a esposa tem um senso maior que o do marido de que a reconciliação é necessária, seja entre ambos ou entre o pai e um dos filhos. Precisamos de relacionamentos corretos no nível humano para podermos adorar o Senhor. Se tivermos algo contra alguém ou alguém tiver algo contra nós, devemos deixar nossa oferta no altar e tratar da reconciliação (cf. Mt 5, 23-24; 18, 15-17). Por meio de Cristo, Deus nos deu "o ministério da reconciliação" (2 Cor 5, 18). Construir relacionamentos corretos em nossa família é possível.

Iniciativa da paz: a estratégia

No casamento há conflitos, por mais espirituais que sejamos. Deve-se ter como objetivo viver numa zona de paz com conflitos esporádicos, em lugar de viver numa zona de guerra com tréguas ocasionais.

Definir regras justas para a hora do combate é algo trabalhoso, mas necessário. Se concordarmos com certas regras para um conflito justo quando tudo estiver calmo, será mais provável que as respeitemos no calor da batalha. Este é um dos trabalhos mais importantes a realizar no primeiro ano de casamento, mas também um desafio para toda a vida, porque até o fim estaremos crescendo na graça. Aqui estão alguns passos para resoluções pacíficas:

Oração. Precisamos de discernimento e sabedoria para saber quais dificuldades devem ser discutidas e quando. Precisamos de proteção sobrenatural para que não digamos ou façamos coisas que possam ferir um ao outro. Pedimos aos nossos anjos da guarda que trabalhem para que resulte o bem de nossas divergências, e não o mal. Mesmo em meio ao conflito, devemos rezar a oração de São Miguel e pedir proteção do céu contra as forças do mal que querem destruir um casamento e uma família piedosa. Também precisamos rezar para que Deus una nossos corações, mentes e vontades.

Confiança. Partimos da premissa de que somos *um pelo outro*: estamos no mesmo time. Atacamos o problema juntos, em vez de atacarmos uns aos outros. Atentamos para os discernimentos de cada um e nos perguntamos como estamos contribuindo para o conflito. Nosso objetivo não deve ser corrigir a outra pessoa, mas compartilhar nossos corações para que, juntos, possamos resolver um problema.

Falar a verdade amorosamente, a fim de transmitir graça. Devemos nos comunicar com respeito: não é apenas *o que* compartilhamos, mas também *como* compartilhamos, o que demonstra amor verdadeiro. Devemos fugir de rotular, de menosprezar, do sarcasmos, dos insultos, das palavras de condenação, dos xingamentos e dos palavrões. "Nenhuma palavra má saia da vossa boca, mas só a que for útil para a edificação, sempre que for possível, e benfazeja aos que ouvem" (Ef 4, 29).

Remover sempre *e* nunca *do vocabulário de conflito.* Sempre temos problemas com acusações que nunca são verdadeiras. Às vezes exageramos nas palavras e depois reagimos emocionalmente, como se o que dissemos fosse verdade. Isso pode intensificar uma discussão.

Precisamos de humildade. Vemos apenas parte de qualquer situação. Nossa percepão pode ser útil, mas também precisamos da percepção de nosso cônjuge. Queremos o melhor de Deus para nosso casamento, e isso pede o exame de nossos próprios sentimentos, defeitos, medos e falhas. Precisamos estar prontas para acusar a nós mesmos e absolver nosso esposo. Também convém que evitemos comparações com pais, irmãos e outras pessoas.

Atenção ao momento. Efésios 4, 26 declara: "Não se ponha o sol sobre o vosso ressentimento." Em outras palavras, tente resolver os conflitos no mesmo dia, mantendo um saldo baixo com seu ente querido (e resolver os conflitos, sem dúvida, ajuda a dormir melhor). Essa ordem, no entanto, deve ser equilibrada com o bom senso. Tarde da noite provavelmente não é um momento adequado para iniciar uma discussão. Quanto mais cansados estivermos, mais difícil será o autocontrole sobre nossos pensamentos, sentimentos e palavras. A fome e a situação hormonal também podem aumentar o nível de estresse. Seja prudente ao escolher a hora de resolver os conflitos.

Escolher as batalhas com cuidado. Evite a atitude de "paz a qualquer preço"; o preço é muito caro. A verdadeira paz não é um apaziguamento, mas o resultado de uma comunicação clara. Ela dá trabalho. Ao mesmo tempo, resista ao espírito argumentativo; não se torne briguenta ou contestadora. Isso pode levar a uma situação de conflito pelo conflito e não gerar nada além de dor de cabeça.

Ser grata, mesmo em meio ao conflito, pois Deus está agindo. "Considerai que é suma alegria, meus irmãos, quando passais por diversas provações, sabendo que a prova da vossa fé produz a paciência. Mas é preciso que a paciência efetue a sua obra, a fim de serdes perfeitos e íntegros, sem fraqueza alguma" (Tg 1, 2-4). Os conflitos e suas respectivas resoluções ajudam no aperfeiçoamento de cada um de nós.

Se vocês chegarem a um impasse, tentem não reagir negativamente. Não caiam na tentação de bater a porta, dar um gelo ou negar-se à intimidade. Excluir a outra pessoa não resolve nada. Um breve intervalo (de minutos, não horas), solicitado da maneira mais gentil e respeitosa possível, diminui a probabilidade de você dizer algo que mais tarde levará ao arrependimento. Você terá então um momento para rezar pedindo mais luz, pedindo que Deus lhe dê clareza, pedindo pela outra pessoa (com ação de graças!), bem como para tentar enxergar a perspectiva do outro. Em seguida, reúnam-se o mais rápido possível para resolver o conflito.

Discutir em particular. Não há nenhuma razão para expor seus filhos à dor do confronto. Eles podem e devem aprender sobre resolução de conflitos, mas num contexto diferente. Se a presença deles em meio ao conflito for inevitável — vocês estão todos juntos no carro ou em um quarto de hotel —, encontre um modo de reduzir a discussão a um silêncio desconfortável até que surja um momento mais oportuno para que a discórdia seja sanada. Não será prazeroso, mas não será tão desagradável quanto fazer com que seus filhos absorvam uma troca de palavras raivosas entre vocês.

Deixar o passado no passado. O que você perdoou, esqueça. Permita ao seu cônjuge o novo começo que você espera dele. Vocês continuarão a crescer na graça, como novas criaturas em Cristo. O melhor está por vir!

Em qual degrau da escada da raiva está você?

Todos nós, incluindo Jesus, conhecemos a raiva. Não deixamos de sentir raiva só porque somos cristãos. A questão é: "Como podemos expressar a raiva da maneira mais construtiva?"

A *escada da raiva*, de Gary Chapman e Ross Campbell, é uma ferramenta útil para identificar os degraus que levam das expressões destrutivas da raiva para as construtivas. Para usar a escada, identifique em que degrau você está agora e veja qual é o degrau acima, possibilitando-se melhorar seu padrão de resolução de conflitos. Identifique também os padrões de conflito do seu sistema familiar e perceba as mudanças que precisa fazer para fortalecer seus relacionamentos.

Somos nós que escolhemos como tratar o assunto: se recorrendo a um "Esse é o meu jeito" ou a um "Posso reagir de forma madura". Se quisermos que nosso lar seja caracterizado pela paz e não pelo conflito, podemos tomar medidas para controlar a raiva e resolver conflitos em prol do bem-estar de nossa família. Nós *podemos* amadurecer.

A ESCADA DA RAIVA

DEGRAUS POSITIVOS:

1. Modo agradável • Buscar a resolução • Focar na origem do que causa a raiva • Permanecer na queixa principal • Pensar logicamente
2. Modo agradável • Focar na origem do que causa a raiva • Permanecer na queixa principal • Pensar logicamente

DEGRAUS POSITIVOS E NEGATIVOS:

3. Focar na origem do que causa a raiva • Permanecer na queixa principal • Pensar logicamente • Modo desagradável, voz alta
4. Permanecer na queixa principal • Pensar logicamente • Modo desagradável, voz alta • Deslocar a raiva para outras fontes
5. Focar na origem do que causa a raiva • Permanecer na queixa principal • Pensar logicamente • Modo desagradável, voz alta • Palavras ofensivas
6. Pensar logicamente • Modo desagradável, voz alta • Deslocar a raiva para outras fontes • Apresentar queixas que não convêm

DEGRAUS MAJORITARIAMENTE NEGATIVOS:

7. Modo desagradável, voz alta • Deslocar a raiva para outras fontes • Apresentar queixas não-relacionadas • Comportamento emocionalmente destrutivo
8. Modo desagradável, voz alta • Deslocar a raiva para outras fontes • Apresentar queixas que não convêm • Palavras ofensivas • Comportamento emocionalmente destrutivo
9. Modo desagradável, voz alta • Xingar • Deslocar a raiva para outras fontes • Apresentar queixas que não convêm • Palavras ofensivas • Comportamento emocionalmente destrutivo

10. Focar na origem do que causa a raiva • Modo desagradável, voz alta • Xingar • Deslocar a raiva para outras fontes • Arremessar objetos • Comportamento emocionalmente destrutivo
11. Modo desagradável, voz alta • Xingar • Deslocar a raiva para outras fontes • Arremessar objetos • Comportamento emocionalmente destrutivo

DEGRAUS NEGATIVOS:

12. Focar na origem do que causa a raiva • Modo desagradável, voz alta • Xingar • Destruir coisas • Palavras ofensivas • Comportamento emocionalmente destrutivo
13. Modo desagradável, voz alta • Xingar • Deslocar a raiva para outras fontes • Destruir coisas • Palavras ofensivas • Comportamento emocionalmente destrutivo
14. Modo desagradável, voz alta • Xingar • Deslocar a raiva para outras fontes • Destruir coisas • Palavras ofensivas • Violência física • Comportamento emocionalmente destrutivo
15. Comportamento passivo-agressivo

Observe que o estágio mais perigoso, de acordo com o dr. Campbell, é o comportamento passivo-agressivo. Neste ponto, não se lida com o conflito ou sequer se reconhece a existência dele. A pessoa parece estar em paz, mas na verdade está fervendo por dentro. Então, de repente, a raiva escapa por outra via. Pode haver uma reação vulcânica, de cujas consequências, geralmente, os demais são encarregados de cuidar. Nenhuma solução é possível se a pessoa passivo-agressiva permanecer nesse tom. Ela não tem problema; quem tem é você! Ela não precisa de aconselhamento; é você quem precisa!

Procurar Jesus

O perdão é fundamental para a resolução de conflitos no casamento. Perdoar não depende de um sentimento generoso; trata-se, antes, de um traço da vontade determinada a oferecer o perdão e pedir ao Senhor que ajude nossas emoções a se alinharem com nossas ações.

Vemos um exemplo poderoso disso na vida de Corrie ten Boom, uma cristã cuja família protegeu judeus dos nazistas na Holanda até que alguém os traiu. Corrie, sua irmã e seu pai foram presos e enviados para um campo de concentração, onde a irmã e o pai morreram. Muitos anos depois, Corrie palestrava para uma plateia na Alemanha, quando o próprio guarda que estivera envolvido na morte de sua irmã a abordou, agradecendo-lhe por sua palestra e pedindo-lhe perdão pelo que havia feito.

Quando o guarda estendeu a mão, a tensão tomou conta de Corrie. Então ela rezou para que Cristo o perdoasse por meio dela e estendeu a mão. Nisso, Cristo inundou de perdão o coração de Corrie. Cristo amou e perdoou, por meio dela, aquele homem que tinha sido instrumento de tanta crueldade e sofrimento. Cristo pode e quer fazer o mesmo por nós, se assim o pedirmos.

O que podemos fazer quando recordamos aqueles pecados cometidos contra nós que já perdoamos? Podemos agradecer a Deus por termos perdoado o ofensor. Isto é humildade: escolher esquecer e, quando não se pode esquecer, escolher que o perdão continue. Afinal, a cada Pai-nosso vinculamos diretamente nosso pedido de perdão ao perdão que oferecemos aos demais: "Perdoai-nos as nossas ofensas, assim como nós perdoamos a quem nos tem ofendido." Depois de ensinar esta oração a seus discípulos, Jesus acrescentou: "Porque, se perdoardes aos homens as suas ofensas, vosso Pai celeste também vos perdoará. Mas, se não perdoardes aos homens, tampouco vosso Pai vos perdoará" (Mt 6, 14-15).

Em tudo isso podemos dar aos nossos filhos um belo modelo de vida cristã. Não podemos esperar que eles controlem a própria raiva e outras emoções melhor do que nós. Podemos ensinar crianças mais velhas sobre a Escada da Raiva, para que possam melhorar seu controle e ajudar a família a expressar a ira de maneira mais construtiva. E, quando estragamos tudo, podemos dar-lhes o exemplo de pedir perdão, decidir melhorar e rezar em busca de mudança.

Mesmo em meio ao conflito, Deus nos chama para sermos gratos, pois Ele "é (...) quem, segundo o seu beneplácito, realiza em [nós] o querer e o executar" (Fl 2, 13).

Ele quer nos curar e quer restaurar relacionamentos. É difícil enxergar isso quando nos concentramos nas dificuldades, mas é possível se mantivermos os olhos fixos em Jesus.

A gratidão não depende do nosso temperamento: embora algumas pessoas possam ter maior facilidade em conservar o bom ânimo, a todos se ordena que reconheçam com gratidão a obra de Deus em suas vidas. Tampouco ela depende de termos o que queremos: às vezes, nossa vontade coincide com a de Deus — valorize essas coincidências —, mas, quando as coisas não saem do nosso jeito, Deus *ainda* está no controle, e por isso somos gratos.

Ninguém pode nos fazer felizes ou tristes: a escolha é nossa. E ninguém pode nos roubar a alegria, mesmo em meio ao sofrimento. "Vivei sempre contentes. Orai sem cessar. Em todas as circunstâncias, dai graças, porque esta é a vosso respeito a vontade de Deus em Jesus Cristo" (1 Ts 5, 16-18). Não importa o que se passe em nossa vocação: damos sempre graças ao Senhor.

Desejamos e alimentamos a unidade

Quando desejamos honrar o Senhor abraçando seu desígnio para o casamento, sabemos que haverá dificuldades. É como se tivéssemos pintado um alvo nas costas: haverá resistência espiritual do mal contra nosso propósito de ter um matrimônio e uma família piedosos. Portanto, precisamos de uma resistência piedosa para levar nosso plano adiante.

Resistimos à tentação do mundo de nos compararmos a outras pessoas ou de comparar nosso casamento com o alheio. Resistimos à carne — nossos desejos, força, direitos, vontade —, reconhecendo que ainda lutamos contra a concupiscência. E resistimos ao diabo, que usa nossas falhas, fraquezas e pecados contra nós, tentando nos colocar contra aqueles que amamos.

A bondade do Senhor alimenta o arrependimento e a mudança. "[Desconheces] que a bondade de Deus te convida ao arrependimento?" (Rm 2, 4). Esta é uma boa estratégia para lidarmos com aqueles que amamos. Suportamos os defeitos, falhas e fraquezas uns dos outros, sempre lembrando que, na vida familiar, o sucesso consiste na fidelidade, não na perfeição.

Algumas pessoas experimentam uma espécie de "noite escura da alma" no casamento, amando de modo altruísta e sem o consolo de sentirem que amam ou são amadas pelo cônjuge. É preciso pedir perseverança! "Mas nos gloriamos até das tribulações. Pois sabemos que a tribulação produz a paciência, a paciência prova a fidelidade, e a fidelidade, comprovada, produz a esperança. E a esperança não engana. Porque o amor de Deus foi derramado em nossos corações pelo Espírito Santo que nos foi dado" (Rm 5, 3-5).

Aproveite o poder do Espírito Santo, que fará por meio de você o que você não pode fazer só, mantendo acesa a esperança mesmo em meio ao sofrimento. O *Catecismo* indica que podemos contar com esta ajuda: "[O Espírito Santo é] o selo da aliança de ambos, a nascente sempre oferecida do seu amor, a força pela qual se renovará a sua fidelidade."[1]

Construir um casamento e uma família piedosos parece uma sobrecarga — algo além de sua capacidade? Pois é!

---

1   CIC, 1624.

A boa notícia é que Deus nos dá a graça de que precisamos para sermos fiéis à nossa vocação. E ele realizará esse trabalho, porque deseja que tenhamos casamentos e filhos piedosos.

Deus *é* capaz de agir em nós e por meio de nós, para que, mesmo em conflitos, possamos fazer o bem e não prejudicar uns aos outros. "Àquele que, pela virtude que opera em nós, pode fazer infinitamente mais do que tudo quanto pedimos ou entendemos, a ele seja dada glória na Igreja, e em Cristo Jesus, por todas as gerações de eternidade. Amém" (Ef 3, 20-21).

Perguntas para reflexão

1. Que exemplo ou pensamento fortaleceu minha compreensão dos votos nupciais: "Na alegria e na tristeza"? "Na saúde e na doença"? "Na riqueza e na pobreza"?

2. O dinheiro não é moral nem imoral: podemos usá-lo para o bem ou para o mal. Como o dinheiro afetou meu casamento?

3. Eu e meu esposo concordamos em relação às finanças, ou elas são uma fonte constante de tensão? As preocupações financeiras têm prejudicado a paz de nossa família? Como isso pode ser resolvido? De que mudanças de atitude preciso? Quais são as minhas três principais preocupações em relação às finanças? Como posso abordar de forma construtiva essas preocupações com meu cônjuge?

4. O que faço para vencer as minhas dificuldades relacionadas com as alterações hormonais?

5. Quais são as qualidades que devem caracterizar nossa família ao tentarmos imitar a Sagrada Família?

6. Eu e meu cônjuge definimos regras para as situações de conflito? Eu as sigo?

7. Como a raiva era expressa no lar em que cresci? E no lar em que meu cônjuge cresceu? De que forma a Escada da Raiva pode ser uma ferramenta útil para meu casamento e minha família? Com ela, consigo entender quais passos preciso tomar para melhorar a forma como expresso minha raiva? Ela pode ser uma ferramenta útil para nossos filhos mais velhos?

8. O que significa dizer que a mulher é a protetora dos relacionamentos? Como isso se encaixa no papel da esposa na "ordem do amor" dentro da família?
9. "Não façam coisas próprias de casal antes de se casarem." O que isso significa em relação à coabitação? Por que não é sábio desobedecer a Deus nesta área? Como posso corrigir problemas que a desobediência talvez tenha causado ou ainda está causando?
10. O que significa considerar o sexo sagrado? A doutrina católica a respeito do casamento atrapalha ou enaltece o amor e o sexo? Sou capaz de explicar isso para outras pessoas?

PARTE SEIS

TODOS OS DIAS DE SUA VIDA

PROVÉRBIOS 31, 12b

CAPÍTULO ONZE

Fiel agora e sempre

"Ela lhe proporciona o bem, nunca o mal, em todos os dias de sua vida" (Pr 31, 12). O compromisso com a fidelidade abrange toda a vida da mulher: antes do casamento, durante o casamento e na viuvez.

Todos os dias... antes do casamento

Mesmo antes de a mulher saber com quem vai se casar, ela pode honrá-lo com seus pensamentos, palavras e ações. São Francisco de Sales adverte: "Se você aspira ao matrimônio nesta vida, preserve, com zelo, seu primeiro amor para o seu marido. Parece-me uma fraude miserável dar a um marido um coração desgastado, cujo amor foi desperdiçado e despojado de sua primeira flor, em vez de um amor verdadeiro e sincero."[1]

Se você ainda não encontrou seu futuro cônjuge, aproveite esse tempo para se preparar para ser um dom maravilhoso para aquele que Deus planejou para você. Lembre-se também de que qualquer pessoa com quem você esteja envolvida romanticamente agora pode ser o futuro cônjuge de outra pessoa; portanto, respeite como convém esse compromisso possível.

Este período também pede a busca pela pureza em meio a um namoro honroso com o seu escolhido. Esteja

---
1   São Francisco de Sales, *Introdução à vida devota*.

pronta para abraçar o compromisso do casamento se este for o chamado de Deus para sua vida.

Todos os dias... durante o casamento

Cresci numa família em que os votos de casamento eram levados muito a sério e presumia-se fidelidade de parte a parte. Enquanto me preparava para ir à igreja no dia do meu casamento, mamãe me parou por um momento e disse: "Quero lhe dizer uma coisa. Você ainda pode mudar de ideia. Mas, tão logo vocês estejam casados, seu lugar é com ele. Se vocês estiverem em conflito um com o outro, você não pode voltar para cá. Nesse sentido, esta não é mais a sua casa."

Uau! Que clareza. Mamãe não questionou a minha escolha de me casar com Scott. Ela simplesmente queria que eu entendesse como essa decisão era permanente. (Que contraste com os pais que garantem aos filhos que seu lar sempre será um refúgio se as coisas ficarem difíceis!) Sou muito grata por esse limite claro. Quando Scott se tornou católico e eu não tinha intenção de fazer o mesmo, continuar em nosso casamento representou um grande esforço para mim. Mas eu tinha ciência de que, mesmo que meus pais me apoiassem teologicamente, eles jamais me permitiriam entrar sem mais nem menos na casa deles. Eles sabiam que era essencial superar nosso dilema, e pudemos contar com seus conselhos e ajuda nesse sentido.

A fidelidade no casamento é uma escolha consciente, um esforço ativo para preservar a castidade conjugal e abraçar a fidelidade. Escolhemos a pureza em nossos pensamentos, palavras e ações. Rejeitamos toda ideia de adultério. Abraçamos nossos maridos numa fecundidade generosa, ao contrário da rejeição de nossa cultura às crianças por meio da contracepção, da esterilização e do aborto.

Todos os dias... depois do casamento

Muitas de nós enfrentaremos a morte de nosso cônjuge. O Senhor é o "protetor das viúvas" (Sl 67, 6), pois "ampara o órfão e a viúva" (Sl 145, 9). O Senhor cuida das mulheres que ficaram sós por causa de morte ou abandono.

Como uma esposa continua a honrar o cônjuge que faleceu? Ela fala bem dele o tempo todo, honrando o legado que ele deixou. Manda rezar Missas em sua intenção e reza pelo repouso de sua alma. Se houver dinheiro para isso, ela pode fazer uma doação em nome dele ou estabelecer uma fundação ou prêmio como homenagem permanente.

A viúva cristã continua a aproximar os filhos do pai por meio de memórias e gratidões. Incentiva seus filhos a mostrar lembranças e fotos, para que possam ajudar os próprios filhos a admirarem seu avô.

Isso fortalece a família e ajuda as gerações mais jovens a confiar no Senhor sempre que se deparam com o sofrimento.

Paulo oferece este conselho à viúva que pensa em se casar novamente: "A mulher está ligada ao marido enquanto ele viver. Mas, se morrer o marido, ela fica livre e poderá casar-se com quem quiser, contanto que seja no

Senhor" (1 Cor 7, 39). Assim, os objetivos de um novo casamento deverão ser o amor comprometido e a busca comum da vontade de Deus.

O divórcio desmascarado

Os sacerdotes da antiga aliança lamentam que Deus não esteja respondendo às suas orações ou aceitando seus sacrifícios. O profeta Malaquias explica a situação: Deus não atenderá suas orações por causa de sua infidelidade conjugal.

> E dizeis: Mas por quê?! É porque o Senhor foi testemunha entre ti e a esposa de tua juventude. Foste-lhe infiel, sendo ela a tua companheira e a esposa de tua aliança. Porventura não fez ele um só ser com carne e sopro de vida? E para que pende este ser único, senão para uma posteridade concedida por Deus? Tende, pois, cuidado de vós mesmos, e que ninguém seja infiel à esposa de sua juventude. Quando alguém, por aversão, repudia a mulher — diz o Senhor, Deus de Israel —, cobre de injustiça as suas vestes — diz o Senhor dos exércitos. Tende, pois, cuidado de vós mesmos e não sejais infiéis!

Por que o Senhor relaciona seu ódio pelo repúdio (divórcio) a seu ódio pela violência? Porque o divórcio é uma violência contra o casamento e contra cada um dos cônjuges. Ele tenta rasgar o que Deus uniu. A infidelidade contra seu cônjuge arruína seu casamento e seu relacionamento com Deus. A reconciliação e o arrependimento são necessários.

Fiel agora e sempre

Nos votos de casamento, normalmente se diz "até que *a morte* nos separe" e "por *todos os dias* da nossa vida". Essas palavras destacam o fato de que o casal está assumindo um compromisso para a vida toda. Eles entendem que o vínculo matrimonial é indissolúvel. No entanto, dois casais que se casaram numa igreja protestante alteraram seu voto para expressar uma visão diferente. Um casal prometeu: "Até que *o divórcio* nos separe." O outro jurou: "Enquanto nos *amarmos*." Quanto tempo durará esse amor?

Meus pais tiveram sua primeira desavença conjugal quando pisaram no corredor para sair da igreja após o casamento. Papai pegou a mão de mamãe para acompanhá-la, mas ela largou a mão dele para erguer um pouco a saia do vestido. Um pouco irritado, ele estendeu a mão com mais decisão para a mão dela, ao que ela puxou a mão novamente para agarrar a saia rodada. Quando eles chegaram ao átrio da igreja, ele estava irritado.

— Por que você me humilhou na frente de todo mundo?

Mamãe tinha sua razão.

— Não estou acostumada com esse tipo de saia. Precisava segurá-la com as duas mãos, ou teria caído de cara no chão, o que nos envergonharia muito mais!

Com essa explicação, a briga acabou. Ambos compreenderam as ações do outro. O momento de raiva passou e o sentimento de amor voltou. Mas um voto baseado no quanto o casal "sente" um pelo outro seria, em vez de um compromisso mútuo, um terreno arenoso demais para servir como base de um lar.

A armadilha dos fariseus

> Após esses discursos, Jesus deixou a Galileia e veio para a Judeia, além do Jordão. Uma grande multidão o seguiu, e ele curou seus doentes. Os fariseus vieram perguntar-lhe para pô-lo à prova: "É permitido a um homem rejeitar sua mulher por um motivo qualquer?" (Mt 19, 1-3).

Por que São Mateus menciona a região de Judeia além do Jordão? Porque tinha sido lá, onde vivia o rei Herodes, que João Batista havia pregado contra o adultério antes de ser preso. O rei Herodes o prendera porque João estivera declarando que alguém que se casasse com a esposa de seu irmão, exatamente o que o rei Herodes fizera, era adúltero. Questões relacionadas a casamento, segunda união, adultério e divórcio civil foram a causa da prisão e morte de João Batista.

Este também é o local onde Moisés dera a lei deuteronômica aos israelitas, incluindo as que tratam de segunda união e adultério (cf. Dt 5, 18; 22, 22; 24, 1-4). Jesus, o novo Moisés, está prestes a revogar essa lei e revelar o desígnio original de Deus.

Os líderes judeus não perguntam a Jesus sobre divórcio e segunda união por respeitarem sua sabedoria. Eles também não lhe pedem para resolver uma disputa entre duas escolas rabínicas de pensamento sobre o assunto. Estão tentando colocá-lo à prova num assunto que, se ele responder da maneira errada, pode colocá-lo em sérios problemas.

Entre os rabinos, havia duas grandes escolas de pensamento em relação ao divórcio. O rabino Shammai sustentava a estrita visão legal de que o adultério apresentava um único caso em que era possível o divórcio legítimo e a realização de novas núpcias. O rabino Hilel, por sua vez, apregoava a impopular postura progressista que permitia o divórcio sem culpa: em essência, se uma esposa queimasse o café da manhã, o homem poderia escolher uma nova companheira antes do almoço.

Por que os fariseus estão tentando colocar Jesus à prova? Querem capturá-lo para destruí-lo. Se Jesus adotasse a visão estritamente legal, os fariseus poderiam alertar os guardas do rei Herodes. Concordar com a visão progressista, por outro lado, irá desacreditá-lo aos olhos das pessoas comuns.

Jesus dá uma resposta inesperada: *sem* divórcio *nem* segunda união. Ele assume uma posição que *ninguém* promove, incluindo Moisés! Nem mesmo João Batista, ao denunciar o adultério de Herodes, havia questionado o ensino de Moisés sobre o divórcio e as segundas núpcias. Os fariseus haviam se tornado incrédulos.

A reeducação dos mestres da lei

Jesus responde à sua incredulidade:

> Respondeu-lhes Jesus: "Não lestes que o Criador, no começo, fez o homem e a mulher e disse: Por isso, o homem deixará seu pai e sua mãe e se unirá à sua mulher; e os dois formarão uma só carne? Assim, já não são dois, mas uma só carne. Portanto, não separe o homem o que Deus uniu" (Mt 19, 4-6).

Jesus responde a esse grupo de elite de eruditos, que haviam dedicado a vida à compreensão e ao ensino da Lei,

referindo-se ao Gênesis: "Não lestes...?" A cena é como a de um advogado que se dirige à Suprema Corte, dizendo: "Lembram da Constituição? Ela é realmente interessante; começa assim: 'Nós, o povo...'."
Em essência, o que Jesus está dizendo é: "Vamos revisar o abecedário. Vejamos o que o Gênesis diz. "Essa repreensão deve ter atingido em cheio o orgulho dos fariseus.

Primeiro Jesus destaca, a partir de Gênesis 1, que a humanidade foi criada como homem e mulher à imagem de Deus; segundo, à luz de Gênesis 2, que homem e mulher se tornam uma só carne pelo casamento. Jesus desafia os fariseus: se Deus uniu duas pessoas, *vocês* podem separá-los? O divórcio não faz parte do plano inicial. Jesus restaura a dignidade do homem e da mulher no casamento tal qual Deus a instituiu na criação.

Ao longo do Antigo Testamento, Deus proclama em termos conjugais seu amor incondicional e sua fidelidade a seu povo. Embora a idolatria do povo seja descrita como adultério contra Ele, o Senhor se mantém fiel. Jesus veio para cumprir a promessa de Deus como o Noivo que dá a vida por sua noiva, a Igreja. Além disso, Jesus eleva o casamento a um novo nível, ao de um sacramento, tornando-o testemunho vivo da relação entre o Cristo e a Igreja. Jesus chama os casais cristãos a participar da mesma indissolubilidade que O une à sua esposa.

O que Deus uniu

O casamento não é uma instituição criada pelo homem: não é o Estado que une duas pessoas, mas Deus.

A unidade não é simplesmente o objetivo, mas a realidade do casamento, e essa unidade é divinamente instituída. Nem um decreto legal, nem um consenso da sociedade podem anulá-la. O estado pode declarar que o divórcio civil é uma separação formal, mas não é capaz de alterar a realidade do casal. Um Estado que assume o poder de anular um casamento ultrapassa seus limites e prejudica os fundamentos da sociedade.

As crianças exemplificam a unidade entre o homem e a mulher no casamento. Como pode aquilo que se tornou um se tornar dois novamente? Que parte da criança é da mãe? Que parte é do pai? Quem pode separar o que Deus uniu?

O grande Papa João Paulo II escreveu:

> Radicada na doação pessoal e total dos cônjuges e exigida pelo bem dos filhos, a indissolubilidade do matrimônio encontra a sua verdade última no desígnio que Deus manifestou na Revelação: Ele quer e concede a indissolubilidade matrimonial como fruto, sinal e exigência do amor absolutamente fiel que Deus Pai manifesta pelo homem e que Cristo vive para com a Igreja[2].

Jesus quer atrair o coração das pessoas de volta para a intenção original de Deus.

O que Moisés ensinou?

Os fariseus objetam à interpretação de Jesus: "Por que, então, Moisés ordenou dar um documento de divórcio à

---

2 Papa João Paulo II, *Familiaris consortio*, 22 de novembro de 1981, 20.

mulher, ao rejeitá-la?" (Mt 19, 7). Eles estão se referindo a Deuteronômio 24, 1-4:

> Se um homem, tendo escolhido uma mulher, casar-se com ela e vier a odiá-la por descobrir nela qualquer coisa inconveniente, escreverá uma carta de divórcio, lhe entregará na mão e a despedirá de sua casa. Se ela, depois de ter saído de sua casa, desposar outro homem, e este também a odiar, escrevendo e dando-lhe na mão uma carta de divórcio e despedindo-a de sua casa, ou então, se este segundo marido vier a falecer, não poderá o primeiro marido, que a repudiou, tomá-la de novo por mulher depois de ela se contaminar, porque isso é uma abominação aos olhos do Senhor, e não deves comprometer com esse pecado a terra que te dá em herança o Senhor, teu Deus (Dt 24, 1-4).

O que Moisés está ensinando aqui? Num contexto em que o marido podia repudiar sua esposa, mas a mulher não podia repudiar o marido, ele poderia escrever uma carta de divórcio para que a esposa repudiada pudesse casar-se novamente; no entanto, ela nunca poderia se casar novamente com o primeiro marido após a morte ou o divórcio do segundo. Essa lei visava proteger a dignidade da mulher, para que não fosse tratada como propriedade. Se ela fosse abandonada, o marido deveria deixá-la livre para voltar a se casar.

Moisés não está ordenando o divórcio nem o tolerando. Está apresentando uma jurisprudência complexa para tratar de uma possível indecência descoberta na esposa, permitindo o divórcio e o novo casamento, mas não os exigindo. Jesus enfatiza isso: "É por causa da dureza de vosso coração que Moisés havia tolerado o repúdio das mulheres; mas no começo não foi assim" (Mt 19, 8). A jurisprudência de Moisés não revoga a intenção original de Deus para o casamento. Pegou a referência? Quem tinha um coração duro? Obviamente, o Faraó tinha (cf. Ex, 4 e 14), mas Jesus está dizendo que o povo de Israel *também* sofria de dureza de coração. (Para Moisés, foi mais fácil tirar os israelitas do Egito do que tirar o Egito do povo de Israel.) A expressão "dureza de *vosso* coração" abrange os fariseus do presente tanto quanto os israelitas do passado. Eles também haviam fechado seus corações para a verdade de Deus sobre o casamento.

O que Jesus ensina?

São Lucas registra as palavras de Jesus: "Todo o que abandonar sua mulher e casar com outra comete adultério" (Lc 16, 18). Não há exceção nem aqui, nem no Evangelho de Marcos, em que Jesus diz: "Quem repudia sua mulher e se casa com outra, comete adultério contra a primeira. E se a mulher repudia o marido e se casa com outro, comete adultério" (Mc 10, 11-12).

No Evangelho de Mateus, Jesus se dirige aos fariseus com o peso de sua autoridade. "Ora, eu vos declaro que todo aquele que rejeita sua mulher, exceto no caso de matrimônio falso, e desposa uma outra, comete adultério. E aquele que desposa uma mulher rejeitada, comete também adultério" (Mt 19, 9). Esta cláusula de exceção tem sido fonte de alguma confusão desde a época da

Reforma Protestante. A frase não pode ser uma contradição direta do ensinamento de Jesus tanto em Lucas quanto em Marcos, capaz de vincular a consciência dos primeiros fiéis a ensinamentos contrários. Jesus não pode se contradizer, e as Escrituras também não se contradizem.

Com isso em mente, o que significa a expressão "exceto no caso de matrimônio falso"? *Fornicação*, em grego, é a palavra *pornea*, que se refere à imoralidade sexual: adultério, homossexualidade e outras formas de comportamento sexual proibidas pela Igreja.

Duas visões proeminentes harmonizam o ensino de Jesus em Marcos e Lucas com a cláusula de exceção em Mateus. A *visão patrística* aplica a cláusula de exceção ao divórcio, mas não ao novo casamento. Em outras palavras, a imoralidade sexual poderia ser motivo legítimo para o divórcio como separação permanente, mas a contração de novas núpcias ainda resultaria em adultério. A imoralidade sexual não exige o divórcio, pois pela graça de Deus é possível perdoar um cônjuge; sob nenhuma circunstância a Igreja exige o divórcio. "Antes de tudo, mantende entre vós uma ardente caridade, porque a caridade cobre a multidão dos pecados" (1 Pe 4, 8). O amor pode cobrir uma multidão de pecados, por mais difícil que isso seja.

Na *visão levítica*, a cláusula de exceção se refere aos pecados sexuais que invalidam o casamento. Em outras palavras, o casamento se faz possível após o divórcio civil de um casamento inválido. Este seria o fundamento bíblico para a anulação. Nesse caso, o casamento após o divórcio não seria um novo casamento, mas um casamento válido. Por exemplo, em 1 Cor 5, 1-2, a palavra grega *pornea* é usada para descrever a união ilegal entre um homem e a esposa de seu pai.

O que São Paulo ensina?

São Paulo oferece duas opções para os casados que estão separados: "Aos casados mando (não eu, mas o Senhor) que a mulher não se separe do marido. E, se ela estiver separada, que fique sem se casar, ou que se reconcilie com seu marido. Igualmente, o marido não repudie sua mulher" (1 Cor 7, 10-11). Em outras palavras, o casal pode (1) permanecer separado e viver como solteiros, ou (2) se reconciliar.

A Igreja reconhece que pode haver motivos legítimos para a separação de corpos. Na verdade, uma separação pode ser uma necessidade, como em uma situação abusiva, em que a segurança de um dos cônjuge e dos filhos está em risco. Talvez um divórcio civil seja necessário para maior segurança e apoio financeiro. No entanto, um segundo casamento não é uma possibilidade.

"A mulher casada está sujeita ao marido pela Lei enquanto ele vive; mas, se o marido morrer, fica desobrigada da Lei que a ligava ao marido. Por isso, enquanto viver o marido, se se tornar mulher de outro homem, será chamada adúltera" (Rm 7, 2-3). São Paulo afirma que só a morte desobriga marido e mulher dos votos matrimoniais.

Testemunho dos discípulos

"A resposta incrédula dos discípulos a Jesus confirma o ensino perene da Igreja Católica sobre a indissolubilidade do casamento sacramental." Esta resposta é: "Se tal é a condição do homem a respeito da mulher, é melhor não se casar!" (Mt 19, 10). Jesus não dilui seu ensinamento para torná-lo mais palatável. "Nem todos são capazes de compreender o sentido dessa palavra, mas somente aqueles a quem foi dado" (Mt 19, 11). Em seguida, Ele ensina a respeito da vida consagrada, pela qual Deus chama alguns a se doarem totalmente pelo Reino. As palavras de Jesus se aplicam tanto ao casamento quanto ao celibato consagrado: a fidelidade ao chamado pode ser difícil, mas pela graça de Deus ela é possível.

Divórcio e anulação

A Igreja aplica o ensino de Jesus a todos os casamentos, não apenas aos casamentos católicos. Até mesmo uma pessoa protestante que tenha se casado novamente após o divórcio deve ter esse casamento validado antes de receber os sacramentos da iniciação. Pode parecer ofensivo adiar a recepção de alguém até que a questão do seu casamento seja resolvida, mas a Igreja tem de ser fiel a nosso Senhor.

Se você é solteira, mas a pessoa em quem está interessada se divorciou sem obter uma declaração de nulidade, você deve tratá-la como uma pessoa casada. Presume-se que todo casamento tenha sido válido; o ônus da prova é de quem deseja a declaração de nulidade. Sem nulidade, não se deve namorar, quanto mais tentar um novo casamento, porque "o cônjuge casado outra vez encontra-se numa situação de adultério público e permanente"[3].

Confie o processo a Deus e deixe a Igreja confirmar a vontade divina para o seu relacionamento. Resista a qualquer tentação de desvalorizar o papel da Igreja neste assunto. Não pense: "Aos 'olhos da Igreja' ele é casado, mas não aos meus olhos!" Ou ele é casado, ou não é.

A Igreja Católica não pode anular um vínculo matrimonial; no entanto, ela tem critérios para discernir se ocorreu ou não um casamento válido. A declaração de nulidade pode ser almejada quer por vício grave do consentimento de uma ou de ambas as partes, quer por vício grave da chamada forma canônica[4]. A nulidade não é um divórcio ao estilo católico, embora às vezes pareça, particularmente nos Estados Unidos, onde todos os anos o número de pedidos de anulação excede os do resto do mundo.

Um tribunal da Igreja recebe um pedido de anulação, nomeia um defensor do vínculo (que presume um casamento válido) e recebe depoimentos. A decisão do tribunal não é infalível: o tribunal é limitado pela veracidade dos testemunhos. No entanto, uma pessoa pode, com a consciência tranquila, agir com base na decisão do tribunal. Se a Igreja declarar nulo o casamento, as pessoas envolvidas são livres para contrair casamentos válidos.

---

3   CIC, 2384.
4   Para mais informações, consulte o *Catecismo da Igreja Católica*, 1625 a 1629.

As pessoas muitas vezes se mostram preocupadas com os filhos de uma união que foi declarada nula. A nulidade não tem qualquer influência sobre o estatuto da criança. Esses filhos foram concebidos dentro de um casamento então presumido válido. Eles nunca são tratados como ilegítimos.

Muitas pessoas testemunham que o processo de anulação é um processo de cura. Embora seja difícil examinar partes dolorosas de suas vidas, elas experimentam o cuidado que a Igreja tem para com elas. Esta é mais uma oportunidade para a Igreja demonstrar aquilo que disse Jesus: a verdade nos liberta.

CAPÍTULO DOZE

A santidade do casamento

O cristianismo, diferentemente de outras religiões do mundo, exigiu desde o princípio a monogamia; todavia, muitos ramos do cristianismo aceitam o divórcio como um fato da vida, permitindo uma espécie de poligamia em série: pode-se ter mais de um cônjuge, mas apenas um de cada vez. Vários ramos da Igreja Ortodoxa permitem a recepção da Comunhão após até três divórcios e o casamento com uma quarta esposa. A maioria das 26 mil denominações protestantes aceita que a autoridade do Estado possa romper um casamento, e grande parte delas não restringe a comunhão. Embora o divórcio nunca seja encorajado, um novo casamento é permitido.

O ensinamento de Cristo sobre a indissolubilidade do casamento não foi questionado até que Erasmo apresentou uma visão diferente no século XVI. Nos anos imediatamente posteriores à Reforma, escritores e teólogos protestantes concordaram com que o novo casamento após o divórcio deveria ser permitido, embora discordassem quanto a que razões eram válidas. Lutero, Melâncton e outros até assinaram uma carta a um príncipe alemão, Filipe de Hesse, em 1539, encorajando-o a cogitar a poligamia com sua amante em vez de continuar em adultério.

O testemunho da Igreja

A Igreja Católica, mesmo na época da Reforma e até o presente, conserva seu único e mesmo ensino sobre casamento, divórcio e segundas uniões. E este ensino permanecerá o mesmo: nenhuma influência poderá mudá-lo, e nenhum futuro papa o derrubará.

> Esta insistência inequívoca na indissolubilidade do vínculo matrimonial pôde criar perplexidade e aparecer como uma exigência impraticável. [...] Tendo vindo restabelecer a ordem original da criação, perturbada pelo pecado, Ele próprio dá a força e a graça de viver o matrimónio na dimensão nova do Reino de Deus. É seguindo a Cristo, na renúncia a si próprios e tomando a sua cruz, que os esposos poderão "compreender" o sentido original do matrimônio e vivê-lo com a ajuda de Cristo. Esta graça do Matrimônio cristão é fruto da cruz de Cristo, fonte de toda a vida cristã.[1]

Durante séculos, cristãos de todos os níveis de inteligência, talento e riqueza viveram esta verdade pela graça de Deus. Jesus pronunciou seu ensinamento sobre o casamento no meio de uma "geração adúltera e pecadora" (Mc 8, 38; cf. Mt 12, 39), e por isso os desafios que nossos dias apresentam não podem servir como desculpa para ignorar o ensinamento da Igreja. Mesmo casais não religiosos, em muitos países, permaneceram fiéis no casamento. Quão mais possível não será a fidelidade num casamento fortalecido pela graça sacramental?

Nosso amoroso Pai celeste nos orienta sobre o casamento a fim de nos abençoar, e não para tornar nossa vida difícil ou mesmo impossível. Ele estabelece para o casamento limites que permitem que a união e a comunhão

---
1   CIC, 1615.

A santidade do casamento

floresçam; oferece-nos uma visão do que é possível e depois promete sua graça para nos ajudar a vivê-lo.

O *vínculo matrimonial* é, portanto, estabelecido pelo próprio Deus, de maneira que o matrimônio ratificado e consumado entre batizados não pode jamais ser dissolvido. Este vínculo, resultante do ato humano livre dos esposos e da consumação do matrimônio, é, a partir de então, uma realidade irrevogável e dá origem a uma aliança garantida pela fidelidade de Deus.[2]

A fidelidade de Deus é o fundamento da nossa fidelidade. Precisamos transmitir essa visão aos nossos filhos.

O casamento sob ataque

Nossa civilização está desmoronando por dentro, e uma das razões é o divórcio desenfreado. Muitas celebridades parecem zombar do matrimônio, vivendo vários casamentos extravagantes, casos manifestos e batalhas judiciais públicas pela custódia dos filhos. Talvez a luta delas seja maior do que a da pessoa comum, pois tentam equilibrar fama, carreiras exigentes e vidas privadas. No entanto, o que começou em Hollywood há quarenta anos é hoje a norma em muitas comunidades.

Mesmo as pessoas que vão a alguma igreja, incluindo os católicos, têm agora uma taxa de divórcio tão alta quanto a dos não cristãos. Quem está dando o exemplo para quem? Em vez de seguir o padrão matrimonial como Deus o planejou, os cristãos estão

---
[2] CIC, 1640.

permitindo que a cultura influencie o modo como se casam e descasam.

Algumas pessoas preparam o casamento como preparariam um ensaio — com as respectivas luzes, figurinos e maquiagem, e todas as falas memorizadas — em vez de uma apresentação definitiva. "Casamento iniciante", expressão popularizada por Pamela Paul, refere-se a uma união entre pessoas com menos de 35 anos, isenta de filhos e com duração inferior a cinco anos[3]. Trata-se da união de um casal jovem com uma visão idealizada do casamento e minimizada do divórcio: os dois estão "experimentando" o casamento.

Em vez de assimilar os direitos, responsabilidades e riscos do compromisso da própria vida e enxergar o ato conjugal como a possibilidade de expressar esse amor na geração de uma nova pessoa, esses casais se concentram exclusivamente um no outro.

Separar o ato conjugal do casamento leva as pessoas a escolher mal seus cônjuges. A especialista em bioética Janet Smith comenta: "Quando se casam, muitas vezes estão simplesmente se casando com um parceiro sexual com o qual se acostumaram. A atração sexual e a compatibilidade sexual tornam-se a principal base dos relacionamentos."[4] Eles não querem fracassar, mas valorizam tanto a felicidade que a dor, a dificuldade, o estresse e o desafio se tornam pretextos para decidir pela contenção de perdas e por seguir adiante.

---

[3] Pamela Paul, *The Starter Marriage and the Future of Matrimony*, Random House, Nova York, 2002, p. xiii.

[4] Janet Smith, "Natural Law and Sexual Ethics". Disponível em: https://www.sacredheartmercy.org/articles/natural-law.html. Acesso em 10 de agosto de 2023.

A santidade do casamento

Se essas pessoas entendessem o casamento como um vínculo vitalício, suas escolhas seriam diferentes? Em geral, os divórcios nessa faixa etária são confusos, com batalhas por custódia — de animais de estimação, não dos filhos —, divisão de bens e redistribuição das dívidas. As pessoas desejam só aprender o que dará durabilidade a um próximo casamento.

Sem divórcio no cartório

Você consegue imaginar uma cidade onde ninguém se divorciou? Em Siroki-Brijeg, cidade com 13 mil habitantes na Herzegovina, nenhum divórcio jamais foi registrado e ninguém se lembra de que alguém já tenha se divorciado. Esse povo cristão sofreu por sua fé nas mãos dos turcos e comunistas; sabe que a salvação só pode ser encontrada na cruz de Cristo. "É por isso que vincularam indissoluvelmente o casamento à Cruz de Cristo."[5]

Quando um padre desta cidade aconselha um casal que deseja se unir em matrimônio, ele não diz que eles encontraram o companheiro perfeito, mas que encontraram uma cruz para amar, valorizar e abraçar. Seu amor conjugal comprometido refletirá o maior amor de todos os tempos: a cruz de Cristo. No dia do casamento, o casal leva um crucifixo para ser abençoado. Durante a troca de votos, a noiva põe a mão direita no crucifixo, o noivo cobre a mão dela com a dele e o padre coloca a estola sobre as mãos unidas. Esse é um testemunho para todos de que, se eles se abandonarem, estarão abandonando a cruz.

---

5 Irmã Emmanuel, "The Key to No Divorce", em: ecatholicchurches.com.

"E, se abandonarem a cruz, eles não terão mais nada. Terão perdido tudo, porque abandonaram Jesus."[6] Tendo completado seus votos, "a noiva e o noivo não se beijam, mas beijam a cruz"[7]. Mais tarde, esse crucifixo é colocado num lugar de destaque na casa, como ponto focal da oração familiar. Sempre que o casal passar por problemas — e eles sabem que problemas virão —, os dois se dirigem à cruz de Cristo e abrem seus corações a Ele, pois somente Ele pode salvá-los.

O divórcio contraria a lei natural

Uma vez que "o desejo e a capacidade do homem e da mulher de formar um vínculo duradouro de amor e vida no casamento está inscrito em sua natureza"[8], é lógico que "*o divórcio* é uma ofensa grave à lei natural".[9] Mesmo sem a graça, ainda é possível que um homem e uma mulher se comprometam com a fidelidade pelo bem um do outro, de seus filhos e da sociedade em geral.

Meu avô e avó paternos eram filhos de pais divorciados na década de 1910, o que é difícil de imaginar. Embora não fossem cristãos, eles prometeram um ao outro que, independentemente do que acontecesse, permaneceriam casados. Com base na pura força de vontade, aliada ao bom senso e muito amor, forneceram bem-estar emocional e psicológico a meu pai e meu tio de várias maneiras.

---

6   Ibidem.
7   Ibidem.
8   Conferência dos Bispos Católicos dos EUA, "Married Love and the Gift of Life", publicado em 14 de novembro de 2006.
9   CIC, 2384.

Mais tarde, quando se tornaram cristãos, receberam os recursos sobrenaturais da graça que lhes possibilitaram edificar esse compromisso, tornando seu casamento ainda mais doce e precioso.

O divórcio infringe o Sinal Sacramental

O matrimônio cristão é um sinal vivo que aponta para o vínculo indissolúvel entre Cristo como Esposo e a Igreja como Esposa. "O divórcio fere a aliança da Salvação, do qual o matrimônio sacramental é o sinal"[10], pois, se formos infiéis a um cônjuge, como poderemos dar à nossa sociedade um testemunho sobre a fidelidade de Deus? O divórcio é uma ofensa contra a dignidade do casamento e um ataque à santidade do casamento.

O divórcio faz adoecer

O divórcio é uma realidade dolorosa em muitas famílias cristãs. Mais profunda do que a decepção do casamento fracassado é a dolorosa sensação de perda.

> O divórcio é imoral, ademais, porque adoece a família e a sociedade. Essa doença causa graves danos ao cônjuge abandonado, aos filhos traumatizados pela separação dos pais e muitas vezes divididos entre si, e pelo seu efeito contagioso, que a torna uma verdadeira praga social.[11]

Como a graça poderá edificar sobre a natureza, quando a natureza foi enfraquecida e ferida pelo divórcio, ou

---

10 Conferência dos Bispos Católicos dos EUA, *op. cit.*
11 *Ibidem.*

quando o senso de paz e segurança dos filhos foi destruído? A graça pode cobrir uma multidão de pecados, mas os filhos precisam de que os pais façam o que puderem para trazer ao casamento cura e integridade, em vez de conflito, divisão e divórcio.

Alguns argumentam que os filhos ficam melhor com pais divorciados do que com pais em guerra entre si. Mas será que as opções são só essas? Os filhos não ficariam ainda melhor se os pais fizessem uma trégua e encontrassem ajuda, por meio de aconselhamento e oração, para permanecerem juntos? Claro, esse pode ser um trabalho árduo, mas um lar estável e um ambiente tranquilo fazem os sacrifícios valerem a pena. Nossa oração precisa ser esta: "Senhor, há uma saída para nosso problema; mostra-nos, por favor, uma rota, para que possamos perseverar" (cf. 1 Cor 10-13).

Danos causados pelo divórcio

O divórcio ou sua ameaça prejudica os dois fins do casamento: a procriação e a união. A ameaça de divórcio limita a liberdade do casal de estar aberto à vida. Os filhos do casal divorciado sofrem pela perda do amor entre seus pais, a qual, por sua vez, torna-se pesar pela perda de possíveis futuros irmãos: trata-se de uma tristeza e uma solidão que muitas crianças sentem.

A ameaça de divórcio contribui mais para a dissipação do que para a unidade. Os filhos de casais divorciados não veem mais o serviço abnegado de seus pais um pelo outro; em vez disso, veem a mãe e o pai se atacando e competindo pelo amor e afeto de seus filhos. Como as crianças estão o tempo todo privadas de um dos pais, elas perdem o senso de proteção, atenção e orientação que ambos os pais, juntos, lhes ofereceriam.

A reconciliação é possível

Nosso Deus é um Deus de reconciliação. Ele se deleita em tirar o bem do mal e trazer esperança para onde há desespero. Há esperança de reconciliação mesmo quando um cônjuge "casa" fora da Igreja após o divórcio. Certa estudante universitária compartilhou comigo sua experiência. Seu pai se divorciara de sua mãe e "casara" com outra mulher. Seus filhos mais velhos nunca reconheceram a nova "esposa" como mãe legítima e lembravam ao pai que ele ainda era casado com a mãe deles. Por meio de muitas orações, humilhações e atos de bondade e perdão, o casal voltou a se unir. A família foi restaurada pela graça de Deus. A cura contínua ainda é necessária, pois o período do divórcio foi devastador; no entanto, esta família recebeu uma grande bênção. A restauração ocorreu antes do casamento dos filhos, de modo que os genros, noras e netos encontraram uma família intacta. Essa reconciliação continua a trazer bênçãos a muitas pessoas.

O belo desígnio de Deus para o casamento

Santo Agostinho escreve sobre os três bens do sacramento do matrimônio. Em primeiro lugar, com cada ato matrimonial aberto à vida, o casal participa de uma fecundidade generosa. Seus filhos são "gerados pelo amor, cuidados com ternura e educados num ambiente religioso."[12] Em segundo lugar, o casal é fiel um ao outro, exclusivamente. A santidade do casamento precede a santidade da vida. E, por fim, o vínculo indissolúvel de um casal é sinal de sua união permanente e de sua comunhão íntima[13]. Essa união é a única bênção "que nem a pena do pecado original nem o castigo do dilúvio (...) pôde abolir". "Por isso, o homem deixa o seu pai e a sua mãe para se unir à sua mulher; e já não são mais que uma só carne. O homem e a mulher estavam nus, e não se envergonhavam" (Gn 2, 24-25). A união se concretiza no ato conjugal, mas vai além da realidade física, alcançando a realidade metafísica que dá origem a novas pessoas: seus filhos. Os bebês e a ligação íntima entre marido e mulher resultam da vivência do desígnio de Deus para o casamento. Os filhos encarnam essa união lindamente, pois Deus permite que marido e mulher sejam seus cocriadores na construção de outro ser humano.

Formação interior mútua

Além da fecundidade, da fidelidade e da unidade, o sacramento do matrimônio confere ao casal as graças necessárias para a mútua transformação interior de cada cônjuge. Cada um ajuda o outro a se tornar santo.

> [O amor conjugal] ocupa um lugar venerável no casamento cristão... O profundo afeto do coração, que se expressa em atos, [...] deve ter como objetivo primordial que o marido e a mulher se ajudem dia a dia na formação

---

12 Santo Agostinho, *De Bono Coniugali*, citado pelo Papa Pio XII em *Casti connubii*, 10.
13 *Ibidem*.

A santidade do casamento

e no aperfeiçoamento da vida interior, para que através de sua cooperação na vida possam progredir cada vez mais na virtude e, sobretudo, crescer no verdadeiro amor a Deus e ao próximo...
Esse mútuo amoldamento entre marido e mulher, esse esforço decidido a aperfeiçoarem um ao outro, pode, em um sentido muito real [...] ser listado como a principal razão e propósito do matrimônio, [...] a fusão da vida como um todo e sua troca e partilha mutual[14].

Esse amoldamento é um fogo purificador que às vezes é doloroso, mas também muito frutífero se encarado com paciência. O profeta Malaquias refere-se ao Senhor como um fundidor de prata (cf. Ml 3, 2-3). Um ourives mantém a prata que precisa ser refinada na parte mais quente do fogo. Ele precisa ficar atento, para que toda escória se dissipe sem que a prata se perca. Quando a prata está totalmente refinada? De acordo com certo artesão, "quando vejo minha imagem nela".

Estaremos sendo refinados quando sentirmos o calor do fogo. Lembremos que Deus nos mantém ali para nos purificar, sempre atento, esperando que a sua imagem apareça em nós. Isso se aplica a nós não apenas como indivíduos, mas também como casais cuja união representa a Trindade.

Apoiando o casamento

Como podemos apoiar casamentos em nossa paróquia e bairro? Como podemos oferecer aos nossos jovens mais

---
14 *Casti connubii*, 23-24.

recursos preparatórios para o casamento? O que devemos ensinar a nossos filhos sobre namoro e matrimônio? Por mais que precisemos da ajuda de nossos padres e bispos, também devemos ajudá-los. As famílias precisam auxiliar umas as outras para fortalecer os casamentos e a vida familiar. "Os jovens cônjuges saibam acolher cordialmente e inteligentemente valorizar a ajuda discreta, delicada e generosa de outros casais que já de há tempo fazem a mesma experiência do matrimônio e da família"[15]. Devemos alimentar o amor conjugal em nosso casamento e no casamento das pessoas próximas.

Mesmo os casais que se prepararam para o casamento podem ver os altos e baixos da vida como um grande desafio. (É como a diferença entre ler sobre partos e passar pelo trabalho de parto!) Você só tem como se preparar até certo ponto; quando as coisas são para valer, pode parecer que a preparação foi inadequada. Às vezes isso pode ser tão avassalador que um dos cônjuges sente que é necessário buscar aconselhamento; contudo, se os dois não estiverem de acordo ao menos nisso, justamente quando a orientação seria mais necessária, nada poderá ser feito para que ela funcione.

Quero lançar um desafio: e se o padre pedisse ao casal, em sua última reunião pré-nupcial, que marcasse duas visitas de *check-up* com ele, por exemplo quatro e oito meses após o casamento? (As pessoas sempre fazem isso com médicos, dentistas e ortodontistas.) Na conclusão da Missa mais próxima do aniversário de um ano de casamento, o padre poderia parabenizá-los e oferecer ao casal um

---

15 *Familiaris consortio*, 69.

A santidade do casamento

pequeno presente em nome da paróquia, reconhecendo-os e incluindo a família paroquial na celebração.

Na comemoração do quinquagésimo aniversário de casamento de meus pais, listei, de acordo com as cinco linguagens do amor, as várias maneiras pelas quais meus pais ajudaram os casais de nossa família. Subjacente a todos estava o princípio de ajudar primeiro nossos casamentos e só depois se concentrar nos netos. Eles sabem que seus netos receberão grandes bênçãos se seus pais se amarem profundamente.

Além de nossa fé em Cristo, acho que a segunda maior razão pela qual eles têm 28 netos vivos (e pelo menos treze com o Senhor) está em que temos casamentos amorosos. Quando os casamentos são felizes, é mais fácil para os casais serem abertos à vida.

Meus pais também sabem que muitas das pressões da vida podem criar conflitos que dificultam o matrimônio e a vida familiar. Eles têm procurado usar seu tempo e dinheiro para fortalecer o relacionamento central de cada família, e por isso seremos eternamente gratos. Eles não guardaram muito dinheiro ao longo dos anos, mas escolheram investir em nossas vidas, enriquecendo especialmente a vida familiar.

Eis aqui o que meus pais fazem. Espero que esta lista inspire você a imaginar, em espírito de oração, como encorajar os casamentos de seus filhos.

Tempo de qualidade

- Convidando-nos para jantar como casal e providenciando uma babá para que possamos ter uma conversa entre adultos sem interrupções. Nos feriados e nas férias, os casais de nossa família se reúnem para um bom jantar, enquanto algumas babás cuidam das crianças. Nós nos informamos sobre a vida uns dos outros e descobrimos o que pedir a Deus para eles. Isso permite que tenhamos um tempo de qualidade entre os irmãos, bem como com mamãe e papai.

- Telefonando para compartilhar as alegrias e tristezas, terminando com a pergunta de papai: "Posso rezar com você?"
- Rezando todos os dias por cada filho, cunhado e neto, citados nominalmente.
- Participando de celebrações especiais, como Batismos, Crismas, campeonatos, recitais, concertos, premiações, formaturas e casamentos.
- Organizando férias anuais em família, para que possamos brincar e rezar juntos, inclusive providenciando babás para garantir que todos descansem.

Toque físico e proximidade

- Saudando-nos com abraços e beijos cada vez que nos vemos.
- Impondo as mãos sobre nossos filhos em oração de bênção, que é a maneira do vovô se despedir.
- Fazendo massagens nas costas.
- Fornecendo acomodações preparadas atenciosamente para facilitar a intimidade do casal.

Atos de serviço

- Oferecendo ajuda com trabalho no quintal, organizando, empacotando e desempacotando, ajudando a selecionar papéis de parede e tintas para pintura tomando conta das crianças para que o casal possa sair a sós.

A santidade do casamento

- Oferecendo uma semana de ajuda na chegada de cada netinho — cozinhando, limpando, cuidando dos filhos mais velhos e passeando com o bebê nas primeiras horas da manhã, para que os pais possam dormir.

Presentes

- Disponibilizando contribuições em dinheiro periodicamente, cientes das tensões que orçamentos apertados podem causar. Em alguns anos, enviando um conjunto de decorações para o Advento; em outros, oferecendo ajuda financeira para melhorias na casa.
- Presenteando principalmente os adultos no Natal. O foco deles está em nós, e nosso foco está em nossos filhos.
- Compartilhando livros e outros recursos que fizeram bem para o casamento deles.

Palavras de afirmação

- Distribuindo elogios genuínos, em pessoa e por escrito.
- Nunca brincando de filho, cunhado ou neto favoritos — nunca.
- Telefonando no Dia das Mães e Dia dos Pais para agradecer *a nós* por sermos bons pais.
- Celebrando as realizações dos adultos — pós--graduação, promoções no trabalho, livros publicados, e assim por diante.
- Expressando gratidão a noras e genros, para que saibam como enriquecem a todos na família.
- Enaltecendo os talentos infantis ao organizar apresentações caseiras no Natal e nas férias.
- Falando com respeito e amor de nós para nossos filhos.

- Mostrando-se leais aos dois membros do casal, afirmando assim nossa unidade.
- Expondo retratos de 28 netos e 44 bisnetos (até agora) no saguão de entrada de sua casa.
- Expressando amor e carinho um pelo outro na nossa frente, o que nos faz perceber que o melhor ainda está por vir!

Estou certa de que, ao cuidarmos dos casamentos em nossa família, veremos uma difusão mais plena do poder da graça, pois cada casamento fiel fortalece os demais. Peçamos ao Espírito Santo que nos dê a criatividade de que precisamos, em meio a quaisquer limitações, para darmos uma genuína assistência aos casamentos ao nosso redor.

Não temas!

"Não temas!" Os anjos não diriam isso se não houvesse, em nível humano, motivo para ter medo. Aqui estão alguns exemplos.

O anjo saúda Zacarias: "Não temas, Zacarias" (Lc 1, 13), e então lhe diz que terá um filho, cheio do Espírito Santo, que preparará o povo para o ungido do Senhor.

O anjo Gabriel aparece a Maria e diz: "Não temas, Maria, pois encontraste graça diante de Deus" (Lc 1, 30), e então diz que ela conceberá o Filho de Deus.

Pouco tempo depois, o anjo revela o plano de Deus a José: "José, filho de Davi, não temas receber Maria por esposa, pois o que nela foi concebido vem do Espírito Santo" (Mt 1, 20).

Finalmente, para os pastores na noite do nascimento de Jesus, os anjos ecoam a proclamação: "Não temais, eis que vos anuncio uma Boa-nova que será alegria para todo o povo" (Lc 2, 10).

O plano de Deus — para nossas vidas, para nossos casamentos, para nossos filhos — é mais maravilhoso, desafiador, exultante e doloroso do que podemos imaginar. Não precisamos entender a plenitude de seu plano; só precisamos imitar a resposta de nossa Mãe Santíssima: "Eis aqui a serva do Senhor; faça-se em mim segundo a tua palavra" (Lc 1, 38).

O rei Davi rezou: "Procurei o Senhor e ele me atendeu, livrou-me de todos os temores. O anjo do Senhor acampa em redor dos que o temem e os salva" (Sl 33, 4, 8). Nossos medos são reais. No entanto, quando os levamos a Deus na oração, não podem roubar nossa alegria e nossa paz.

Como a mulher de fé descrita em Provérbios 31, devemos temer o Senhor com amor e obediência. Como filhos e filhas amados de nosso Pai celestial, confiamos que Ele nos fornecerá a graça de que precisamos para viver a vocação do matrimônio com fidelidade e fecundidade. Oremos uns pelos outros para que, pelo testemunho de nossos casamentos, muitos corações sejam atraídos ao Noivo de nossa alma, Jesus, e à sua noiva, a Igreja.

Perguntas para reflexão

1. Como uma mulher solteira pode honrar um futuro cônjuge? Para as viúvas ou divorciadas: de que forma posso continuar a honrá-lo?

2. O que Jesus quer dizer ao afirmar que o homem não pode separar o que Deus uniu? Qual é a importância do ensino de Jesus sobre o divórcio? Como o ensino de Jesus sobre o divórcio difere da tradição judaica?

3. Por que a monogamia (casamento entre apenas um homem e uma mulher) é essencial para que possamos vislumbrar no matrimônio o relacionamento de Deus conosco? Como compreendo a indissolubilidade?

4. Como o conceito moderno de divórcio influenciou nossas ideias sobre a paternidade? Como os filhos se beneficiam de nosso compromisso com o casamento?

5. Já que sou uma "auxiliar adequada para ele" segundo o desígnio de Deus, como posso ajudar meu cônjuge a crescer em virtude, para que seja um homem de Deus corajoso e santo?

6. O que a história sobre a cidade em que não há divórcios significa para mim?

7. O que meu cônjuge e eu podemos fazer para comunicar essas ideias aos casais jovens que se preparam para o casamento? Como podemos encorajar casamentos mais fortes em nossa paróquia?

8. Como podemos desencorajar o divórcio? Como podemos encorajar uma mentalidade diferente daquela dos "casamentos iniciantes"?

9. O que podemos fazer para alimentar o relacionamento central de nossa família: o casamento?

10. Como este livro mudou meu modo de pensar sobre o Senhor? Como me mudou? Como mudou meu casamento?

Direção geral
Renata Ferlin Sugai

Direção editorial
Hugo Langone

Produção editorial
Juliana Amato
Gabriela Haeitmann
Ronaldo Vasconcelos

Capa
Gabriela Haeitmann

Diagramação
Sérgio Ramalho

ESTE LIVRO ACABOU DE SE IMPRIMIR
A 27 DE NOVEMBRO DE 2023,
EM PAPEL IVORY SLIM 65 g/m².